培养未来创造家

| 面向人工智能时代的家庭教育方法 |

王作冰 ◎ 著

人民日报出版社
北京

图书在版编目（CIP）数据

培养未来创造家：面向人工智能时代的家庭教育方法 / 王作冰著.
—北京：人民日报出版社，2020.5
ISBN 978-7-5115-6351-4

Ⅰ.①培… Ⅱ.①王… Ⅲ.①人工智能－应用－家庭教育 Ⅳ.①G78-39

中国版本图书馆CIP数据核字（2020）第043281号

书　　名：培养未来创造家：面向人工智能时代的家庭教育方法
著　　者：王作冰

出 版 人：刘华新
责任编辑：白　羽　马苏娜
封面设计：李尘工作室

出版发行：人民日报出版社
社　　址：北京金台西路2号
邮政编码：100733
发行热线：（010）65369527　65369846　65369509　65369510
邮购热线：（010）65369530　65363527
编辑热线：（010）65369522
网　　址：www.peopledailypress.com
经　　销：新华书店
印　　刷：大厂回族自治县彩虹印刷有限公司
法律顾问：北京科宇律师事务所（010）83622312

开　　本：710mm×1000mm　　1/16
字　　数：151千字
印　　张：13.25
印　　次：2020年9月第1版　2020年9月第1次印刷

书　　号：ISBN 978-7-5115-6351-4
定　　价：48.00元

决定孩子未来的不是分数，而是创造力

法国思想家、教育家卢梭说："误用光阴比虚掷光阴损失更大，教育错了的儿童比未受教育的儿童离智慧更远。"

怎样的教育算是错了？没有看清未来社会需要什么样的人才，不知道这些人才需要具备哪些素质，教育就会发生方向性错误——任何事业最不能犯的错误就是方向性错误，教育领域的方向性错误后果更严重，会耽误整整一代人的前途。

一、四大因素呼唤创造性人才

那么，未来社会需要什么样的人才？答案很简单：创造性人才！

第一，从科技发展角度看，人工智能（AI）技术将自动化浪潮推向全新的高度，意味着标准化、重复性的工作将被智能机器取代，留给人类的主要是创造性工作。

近10万年来，人类之所以能超越所有物种，创造辉煌的文明，是因为人类最擅长收集信息、做出判断、形成决策，简单来说，人类的厉害之处在于智力超群,因此我们在生物学分类里被命名为"智人"。围棋是人类最复杂的智力游戏,围棋冠军们的智商远超常人,但2016年和2017年,AlphaGo(阿尔法狗)及其升级版Master(大师)先后击败了所有人类围棋冠军,这意味着人类在智力这个关键领域已经受到了人工智能的严峻挑战。如今,人工智能已经在金融、法律、医疗、翻译、电商等知识经济领域表现卓越,因此美国的初级律师、放射科医生、基金经理等脑力工作者正在担忧自己的工作会被人工智能所取代。

人工智能的定义是让机器实现原来只有人脑才能完成的任务,其核心是算法。人工智能算法本质上是把重复的东西标准化、自动化,用统计得出的有效经验来做事。例如,如果掌握了突发事件的时间、地点、人物等基本信息,人工智能算法就能根据写作规则,迅速写出一篇非常标准的新闻稿。

随着大数据技术和计算能力的提高,机器越来越擅长主动从海量数据(人类行为记录)里寻找规则,人工智能算法正在变得越来越强大。

例如,俄罗斯一家银行辞掉了大量的法务人员,因为法务工作的背后就是条文查询,条文也是数据的一种,智能机器对于条文的检索、总结和生成能力远超人类;以往对演讲的报道需要速记员,现在有了语音识别的人工智能系统,可以根据已开发出的规则,更加低成本高效率地完成语音和文字的转换工作。

往年的"双十一",网购大户们差不多要等半个月才能收到全部快递包裹。但是,在快递包裹数量首次突破10亿的2018年,快递运送的速度却出奇地快,基本上只用了三四天就全部到货了。这是因为大量智能机器参与了购物服务。

序言
决定孩子未来的不是分数，而是创造力

1. 机器人"天巡"接替了运维人员以往30%的重复性工作。
2. AI调度官"达灵"将数据中心资源分配率提升到90%以上。
3. 人工智能助手"阿里小蜜"承担了95%的客服咨询工作。
4. 菜鸟智慧货仓机器人单日发货超过100万件。
5. AI设计师"鹿班"在"双十一"期间设计了4.1亿张商品海报。

2019年任正非多次提出："中国正在大规模部署的5G通信网络，将加速人工智能在社会上的使用和普及。5G的高带宽、低时延是对人工智能发展的有力支撑，人工智能才是大产业……人工智能是又一次改变信息社会格局的机会。"同时，任正非也指出了人工智能带来的就业风险："人工智能会给社会创造出更多财富，当然也可能会使一些不能适应这个新社会的人失业。在传统性工业社会中，有中学以上文化程度、中等技术职业训练程度的人，应该是可以就业的。但是在下一个时代，新的人工智能和信息技术推动生产发展的时代，如果没有更高的专业技能，这些人就可能面临失业。"

未来几十年，所有能找出规则、模式，并且重复性强的职业都会被智能机器所取代。2018年年初，麦肯锡在达沃斯论坛上预测：到2030年前，因为以AI为主的技术的迅猛发展，会有大量的劳动力找不到合适的工作，这个数字预计为4亿~8亿人。

麦肯锡强调："这不是说失业人数会呈现这么大的下滑，而是说很多工作的任务被机器取代之后，人们工作的时间和待遇会大幅度下滑。很多人想换个好点的工作，但他们没有足够的才能——对才能的要求因为AI的能力提升会越来越高，这会让很多人感到力不从心。例如，一个年薪8万美元的牙医助理，有了AI后，他的工作会被AI所取代，甚至彻底消失。由于牙医助理平时的工作非常程式化、缺乏创造性且适应力差，因此他也很难找到其他领域的高薪工作，最后只能去做低收入的清洁工或服务员等工作。未来我们的最大担忧是收入的不平衡所造成的逐渐加大的贫富差距，而这会给人们带来非常严重的不幸福和不稳定感。"

第二，从国际竞争角度看，中国各产业已经从以模仿为主转变到以创新为主的新阶段。

2018年中美科技战爆发，美国宣称要跟中国打贸易战，减少巨额贸易逆差，但白宫贸易顾问纳瓦多公然宣称美国的贸易保护措施就是针对《中国制造2025》，直截了当地宣示中美贸易战的本质就是科技战，这在2019年美国对华为公司的打压中体现得淋漓尽致。

《中国制造2025》是我国实现制造强国三步走战略的第一步，在2025年前，中国要在信息技术、高档数控机床与机器人、航空航天、海洋装备等10个领域取得技术突破与体系化发展。美国人认为这严重威胁到了其在高端制造领域的全球霸主地位。

发展中国家搞工业化，往往不搞自主创新，因为成本太高，直接引进和利用先行工业化国家的技术（俗称"山寨"）才是常态。例如，18世纪，美国的纺织企业不甘心停留在低端生产的地位，决定去英国偷技术。费城制造业协会会长坦奇·考克斯就曾派间谍去英国偷窃机器图纸。美国商会在英国散布秘密告示，称愿意来美国制造纺织机的人员将得到丰厚的报酬。后来被杰克逊总统称为"美国工业革命之父"的塞缪尔·斯莱特因此漂洋过海来到了美国，凭记忆复制出英国的各种纺纱机。机械纺织业的山寨起家，拉开了美国工业革命的序幕。

经过40多年的改革开放，中国企业通过引进、消化、改良等方法，与欧美、日韩的中低端技术落差基本消失,真正进入了以自力更生为主搞科技创新的阶段,正如习近平总书记所指出的,"核心技术靠化缘是要不来的"。因此今后中国对创造性人才的需求将大幅增长。

第三,从商业趋势角度看,中国的消费正在升级,顾客已经从购买标准化产品与服务,过渡到越来越多地购买个性化产品与服务。例如,明星定制款雨伞可以卖到几百元的价格;很多年轻人愿意花钱来装饰手机,以彰显自己的个性。

我们从发达国家商业的现状可以看出中国商业的未来趋势。个性化产品与服务既可以在功能上创新,也可以在体验和设计上创新。

一根耳机线便宜的才几十元,但索尼品牌的耳机线一根卖1200元,因为它能防水,喜欢游泳的人可以一边游泳一边听音乐,这是典型的功能创新。

苹果公司的产品以设计美观而著称。苹果创始人史蒂夫·乔布斯曾说:"技术与自由主义艺术及人文学科结合在一起,才能缔造出真正让人惊艳的产品。"

"颜值"就是生产力,欧美的企业界越来越重视设计。例如,宝马设计总监克里斯·班戈说:"我们生产的不是汽车,而是移动的艺术品,体现了开车人对品质的钟爱。"美国《新闻周刊》称:"在底特律大男子主义盛行的汽车文化里,马力已经让位于风格,底特律汽车展也许要更名为底特律汽车内饰展了。"

欧美家庭的实用厨具也正在通过设计变得个性化。例如,橱柜里可能陈列着一个形似微笑小猫的启瓶器、一个冲着你大笑的吃意大利面用的勺子、一个融合了折纸工艺及万花筒式造型的水壶……

再来看一个为体验买单的例子。有人问他的朋友,为什么杭州那么多的购物中心不去,偏要到爱琴海去购物?他朋友回答说,爱琴海有一个安腾忠雄的图书馆很漂亮,想去看看。这就显示了自己是一个高格调的人:其一,我知道安腾忠雄;其二,我对书和阅读很感兴趣。

消费者热衷于追求个性化的功能、设计和体验,这就意味着企业需要更多地依靠创新型人才来满足顾客需求。

第四,从人口趋势角度看,中国持续的老龄化进程,将带来沉重的赡养压力。更少的劳动力如何养活更多的老人?唯有让产品和服务创造出更高的附加值。

今天的中国,大约是9亿劳动年龄人口,养活5亿无法工作的孩子和老人,这是9∶5的关系,压力不算太大。今天老年人的养老金,都是年轻人交的社保;未来老年人的养老金,则需要未来的年轻人来支付。那未来会有多少老人?二三十年后,中国60岁及以上老龄人口可能达到4.5亿左右,再加上孩子,到时中国劳动人口的比例将会下降。今天的孩子,长大后将承受5000年中国史上最沉重的赡养压力。

这意味着今天的孩子们必须比父母这一代更努力。他们努力的方向肯定不是在工厂流水线上工作更长时间,而是向产业链的高利润环节进军。

欧洲超市里的一次性打火机卖1.35~1.5欧元,但从中国大批量采购的成本只有几毛钱,一个不起眼的打火机,欧洲厂商能获取10倍的暴利;欧洲的圣诞小商品,很多也是中国制造,采购成本是几元,而销售价格一般是三四欧元,同样是暴利。

为什么欧洲厂商能获取这么高的利润?因为在商品制造与流通的7个产业链中,它们控制了6个投资回报效益高的环节:产品设计、原料采购、仓储运输、订单处理、批发经营和终端零售。中国企业所处的生产制造环节，资源消耗大而利润率不高。未来的中国，制造环节将高度自动化，年轻人得在产业链的高利润环节工作，才能让几亿老人和孩子过上体面的生活，而这些工作环节所需要的创造力显然是远远超过工厂流水线的。

以信息技术行业为例，我国目前信息产业人才资源总量达到1050万人。根据国际先进经验，合理的软件人才结构应该是蓝领技术人员、软件工程师、软件架构与分析师并存的金字塔形状，人才基数由大到小，形成梯次，它们之间的比例应该是6∶3∶1；而中国IT业的人才结构的比例约为18∶6∶1，中低级人才所占的比重偏大。未来的中国信息产业，需要大量的能够创造高附加值的高端人才。中国的其他行业亦是如此。

总之，智能技术的发展、消费的个性化趋势、国际产业竞争的新格局、老龄化社会的抚养压力，都决定了中国教育的使命是培养创造性人才。因此我提出：决定孩子未来的不是分数，而是创造力！

二、工业时代的教育模式无法适应智能社会

在目前全球竞争力指数中，美国排名第三，德国排名第五，英国排名第七，芬兰排名第十，以色列排名第二十四，中国排在第二十八位。在全球创新指数排名中，美国依然排第三位，英国第四位，芬兰第八位，德国第九位，以色列第十位，中国排在第二十二位。

要实现未来中国创造力、竞争力的显著提升，需要现在就开始大规模培养创造型人才。

但中国现行的教育模式是不利于培养创造型人才的。我曾经开办过一家软件技术公司，在招募新人时，发现一个痛点：传统教育培养出来的人，在创造力方面普遍偏弱，单位要花很长时间去培养新人，而这些新人往往又缺乏主动探索的欲望，通常是带队人在后面推一步，他们才往前走一步。

中国当下的教育模式源自工业社会，200多年来，工业社会一直在强调标准化——只有标准化才能实现大规模低成本生产。标准化已经深入社会的每个角落，工人的操作方法是标准的，企业用ERP系统实现运营的标准化，麦当劳、真功夫甚至把餐饮都标准化了。

与标准化生产相匹配的是标准化的教育——标准化的授课与标准化的考试。这是一种不赞赏个性、不培养创造力的教育模式。

经过学校和企业的多年培养，工业社会的人留下了深刻的标准化烙印：别人怎么做事我也怎么做事，别人学什么我也学什么，别人买什么东西我也买什么东西。这种思维模式，让人活成了标准化的工业品，活成了一台机器。

机器化的人，未来前途堪忧。他们的工作方式没什么创造性，基本都可以分为几个步骤：先理解行动规则，再判断输入的信息，接下来就知道该怎么做。这些根据逻辑清晰的行动指南完成任务的执行者，其实跟人工智能算法差不多，他们会在跟效率更高、成本更低的人工智能的正面PK中败下阵来。

如果20年后，当今教育辛苦培养出来的素质能力，最后都被智能机器取代了，大量的人挣扎在社会底层，甚至像《人类简史》作者所说的那样，大部分人沦为"无用阶层"——没有经济价值的阶层，那多年的教育就白费功夫了。

李开复强调:"在这场人工智能摧毁工作的浩劫中,唯有创造性工作才能从中全身而退。"教育界一定要有前瞻性眼光,从今天就开始以培养创造型人才作为基本方向。

三、今天就开始培养未来创造家

发达国家的STEAM教育有句口号:"成功者将是那些发明世界的人,而不是那些适应世界的人",发明创造总是依托智能进行的,根据这一线索,我阅读古往今来的资料,发现今后需要培养的创造型人才有3类。

个体智能型创造家,如爱迪生、爱因斯坦、莫言,他们擅长组合旧要素,创造新事物。

团体智能型创造家,如马云、任正非、曹德旺,他们擅长组织人才共同创造。

人工智能型创造家,如谷歌、亚马逊、阿里、百度、华为的算法工程师,他们有着对人工智能技术的超级敏锐力,开发出各种智能算法来推动各行业、各领域的创新发展。

那么,未来就只有这3类创造家吗?我不想下这样的结论。

比如,目前的基因技术正在快速发展,霍金在去世前曾预言,人们终会发现改变人类基因的办法,用于提升人的认知力、智力和寿命。

如果未来人类普遍都能用"聪明药"改造基因,将智商提升到180以上(智商140之上可以被称为天才),并将快速发展的信息技术(5G、6G、7G等)融入每个人的大脑,能用意念实现相互学习、高速沟通、完美协作，那会是今天的我们无法想象的全新创造时代，人们可能被称为"超人智能型创造家"。

创造者需要有开放的心态，随着新一代信息技术、基因技术、新能源、新材料等多个高科技领域的快速发展，未来充满无限可能性，创造领域本身也不例外。我期盼着更多类型的创造家出现。

我在《人工智能时代的教育革命》这本书中，提出了 AIQ 教育理论，强调教育改革的方向是"培养人与人工智能之间既合作又竞争的能力"，包含创造力、学习力、沟通力以及数据力。本书围绕"创造"这个关键线索，进行了更加深入的理论探索。

本书的主要内容，是剖析我目前发现的这 3 种创造家——个体智能型创造家、团体智能型创造家和人工智能型创造家，分析他们分别具备哪些素质，以及这些素质的相应培养方法。

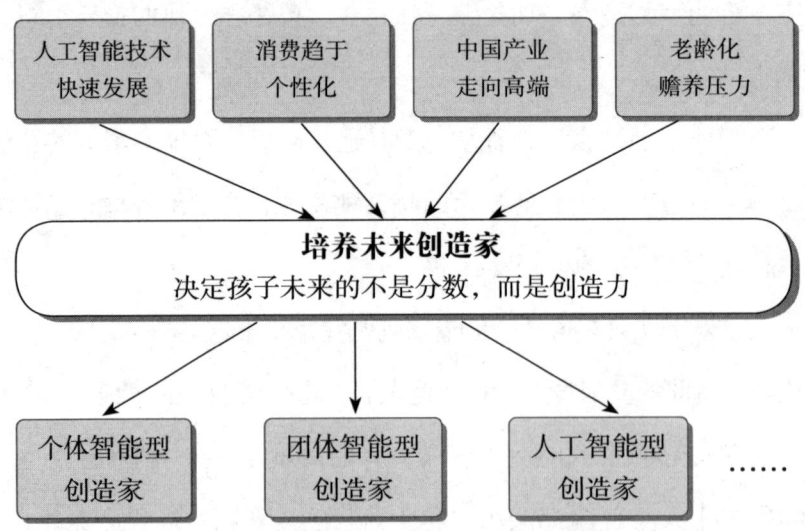

序言
决定孩子未来的不是分数，而是创造力

未来社会将同时存在上述3种创造家：依靠个体智能的创造家——作家、画家、思想家等，依赖团体智能的创造家——企业家、创新的非盈利机构领导人等，善用人工智能的创造家——将人工智能赋能给各行各业、各个领域的创新者。这3种创造家也可能是交叉的，比如，一个绘画领域的个体智能型创造家，也可能擅长图像领域的人工智能技术，他会利用人工智能技术对绘画进行创新和创造。

如果家长、老师发现了孩子存在某方面的能力、潜质，可以进一步培养孩子的相关素质。比如，发现孩子虽然成绩不算很优秀，但喜欢交朋友、喜欢做团队的组织领导工作，那么家长、老师可以通过书中介绍的方法，逐步培养孩子的系统思维、分享习惯、表达能力，以及意志力和自省力，这有利于孩子成长为未来社会需要的团体智能型创造家。

我在论述教育理念与方法时，力求打通古今中外，打通人文与科技。本书既从孔子、孟子、老子、苏格拉底、犹太先知等古代思想家那里借鉴适用于人工智能时代的教育方法，也从最新的脑科学研究、心理学实验、社会学调查那里寻找科学的教育模式；本书既认为传统中式教育有值得自豪和传承的理念，也认为我们要学习美国、以色列等信息化社会（人工智能社会的前身）的优秀教育模式。总之，本书致力于打开教育者的视野，将微观方法和宏观思路融会贯通。

创新不是凭空出现的，教育理论的创新尤其注重"旧要素的新组合"。本书在写作过程中，不仅参考了大量教育类书籍，还参考了万维钢、吴伯凡、吴军、钱颖一、肖知兴、曾鸣、何帆、王烁、梁宁、郝景芳、涂子沛等各领域专家的文章，在此表示诚挚的谢意！

作为人工智能时代教育理论的探索性著作，本书必然像上一本书《人工智能时代的教育革命》一样，存在诸多不足之处，欢迎业内专家、读者朋友多多批评指正！

目录 CONTENTS

Part 1 培养个体智能型创造家 / 1

一、个体智能型创造家：旧要素的新组合 / 2

天才科学家——特斯拉的传奇人生 / 2

温故商业史：不同的生意有着共同的创新本质 / 6

温故技术史：创新者必须重视"旧要素" / 8

温故科学史：站在前人的肩膀上去创造 / 9

温故文艺史：大师不是从石头缝里蹦出来的 / 10

个体智能型创造家的素质模型 / 11

相关理论：创造教育 / 17

STEAM 教育：从小培养个体智能型创造家 / 18

二、学习力：激发脑力与同辈学习 / 20

方法一：用节奏感强的音乐开发智力 / 20

方法二："额外对话"提升思考力 / 23

方法三：文科熟读，理科精思 / 27

方法四：精英圈子 + 社会活动 / 29

三、想象力：新鲜经历与提问启发 / 32

方法一：读万卷书 / 32

方法二：行万里路 / 33

方法三：假装游戏 / 34

方法四：艺术素养 / 36

方法五：启发式提问 / 37

四、兴趣力：自由实践与迭代成长 / 38

方法一：不说教 / 39

方法二：参加兴趣班 / 40

方法三：提升自由度 / 41

方法四：迭代式学习 / 42

方法五：教、学、做一体 / 44

方法六：引导孩子定志业 / 46

五、批判思维：心智成熟的关键一步 / 50

方法一：要启发，不填鸭 / 50

方法二：多讨论，要平等 / 51

方法三：逻辑训练 / 53

方法四：逆向思维 / 55

Part 2 培养团体智能型创造家 / 59

一、团体智能型创造家：组织人才共同创造 / 60

企业领袖任正非的创新故事 / 60

团体智能型创造家的领导力：方向感和驱动力 / 65

团体智能型创造家素质之一：系统思维 / 67

团体智能型创造家素质之二：分享力 / 68

团体智能型创造家素质之三：表达力 / 70

团体智能型创造家素质之四：意志力 / 71

团体智能型创造家素质之五：自省力 / 72

相关理论：人本主义教育 / 74

团体竞赛：培养少儿领导力的重要途径 / 75

二、系统思维：通识教育打破思维里的墙 / 76

通识教育的方法：学习四种知识 / 77

通识教育的运用：洞察人性 / 78

通识教育的成效：精英辈出 / 81

三、分享力：培育内在的光与热 / 85

方法一：给婴幼儿足够的安全感 / 85

方法二：从小培养社会兴趣 / 88

方法三：以家风校风熏陶孩子 / 92

方法四：以孝顺养成付出的习惯 / 96

方法五：礼仪教育培养人际交往中的自控力 / 100

四、表达力：同理心与技巧并重 / 106

方法一：参加演讲课、写作与故事课 / 106

方法二：父母平等沟通而不是单方面说教 / 110

方法三：养成非暴力沟通的习惯 / 115

五、意志力：强烈的求生欲与自控力 / 119

方法一：自控意志的开源节流 / 119

方法二：勤俭养娃提升求生意志 / 125

六、自省力：明确准则与静心觉察 / 130

方法一：以身作则，改过自新 / 130

方法二：锻炼觉察力，提升自省力 / 132

Part 3 培养人工智能型创造家 / 137

一、人工智能型创造家：以智能技术替代脑力劳动 / 138

让机器看懂世界的女科学家李飞飞 / 138

正在开创未来的人工智能型创造家 / 143

目录

今天需要"网感",明天需要 AIQ / 146

相关理论:结构主义教育 / 147

从小培养 AIQ 的方法:少儿编程 + 智能玩具 + 智能教室 / 148

摘录:华为对人工智能技术的理解 / 149

二、编程:技能教育 + 素质教育 / 152

编程是未来最实用的技能教育 / 153

编程是第一流的素质教育 / 156

三、千年中国史视角下的编程教育 / 158

中华文明融合西方文明:培养四大科学素质 / 158

方法一:训练工程思维 / 162

方法二:训练设计思维 / 166

方法三:训练计算思维 / 170

方法四:训练相关思维 / 173

四、万年人类史视角下的编程教育 / 179

信息社会的人类分化 / 179

1 万年以来的人类大分化 / 181

互联网时代的数字鸿沟 / 184

人工智能是第一个能够自己思考的强大工具 / 186

新智人 = 人类智能 + 人工智能 / 188

PART 1

培养个体智能型创造家

一、个体智能型创造家：旧要素的新组合

◎ 天才科学家——特斯拉的传奇人生

世界各国的不少科学迷认为尼古拉·特斯拉（1856—1943），是人类历史上最伟大的天才科学家，他们把特斯拉称为"最接近于神的男人"。乔布斯之后最出名的美国企业家埃隆·马斯克向来桀骜不驯，自视甚高，却将自己创建的电动车公司用"特斯拉"来命名，以此向这位伟大创造家致敬。著名美剧《生活大爆炸》里的男主角——天才科学家谢尔顿，这个角色的性格塑造很多都来自特斯拉。

特斯拉是塞尔维亚人，精通八国语言，在音乐和诗歌上都有很深的造诣。他有1000多项专利发明，其中独自发明的有700多项。特斯拉的梦想是给世界提供用之不竭的能源，他放弃了交流电的专利权供世人免费使用，否则他会成为世界首富。

世界上第一个交流电水力发电站，是1895年特斯拉在尼亚加拉瀑布设计完成的。在当时这是一个比我们的三峡大坝还要震惊世界的建筑，它每天所生产的电力足以供应美国纽约和加拿大安大略省总需求的四分

之一，100多年过去了，这个发电站至今仍在使用。

人们如此评价特斯拉："他开创了一个璀璨的电气时代。"因为他在电磁领域的贡献，磁场强度单位以他的名字"特斯拉"命名。

特斯拉的母亲，是一位具有超高智力的女性，她没上过学，却自主研究制造出多种非常实用的做家务的小工具，给年幼的特斯拉很大的启发。得益于这样的家庭教育，在所有杰出物理学家中，特斯拉的动手能力是最强的。而特斯拉成为富于仁爱之心的科学家，则是受作为东正教（基督教分支）牧师的父亲的影响。

1884年，28岁的特斯拉第一次踏上美国国土。他带着前雇主查尔斯·巴切罗写给托马斯·爱迪生的推荐信："我知道有两个伟大的人，一个是你，另一个就是这个年轻人。"

特斯拉认真完成老板爱迪生交给他的各种发明工作，比如他独立负责了爱迪生公司直流电机的重新设计，同时他还取得了耶鲁大学及哥伦比亚大学的名誉博士学位。

据说特斯拉常年保持每天只睡不到4小时的习惯，有时候只有两小时，其余时间全都用在看书学习上。这样超常的旺盛精力，吓到了他的教授，教授写信给他父亲，让他禁止特斯拉再这样学习，以免猝死。

由于爱迪生没有给予特斯拉应得的奖励和尊重，特斯拉选择自立门户。他建立了自己的公司，开始研发多项交流电机。

8年的奋斗之后，特斯拉在哥伦比亚博览会上展示了交流电照明，战胜了爱迪生的直流电照明。因为直流电不利于长途传输，每隔1千米就要增设一座发电站，但交流电却可利用变压器变压而长途输电。1893年，在位于芝加哥的一次世界博览会开幕礼中，特斯拉用交流电同时点亮了

90 000盏灯泡，这个展示震惊了全场，因为这是直流电根本不能达到的。此后交流电被广泛采用，逐步取代了传统直流电的位置。

热爱发明创造的特斯拉没有躺在功劳簿上睡大觉，他选择了继续前行。特斯拉发明的新设备可以将电流的频率和电压提升到一个前所未有的水平。这个新设备很神奇，它可以放出1米多长的电弧，可以不用导线隔空点亮灯管。此外，人们还可以直接触碰它，任由几百万伏的高压电通过人体而不受到伤害。特斯拉称为"振荡变压器"，它带来了电力无线传输的曙光，被人们称为"特斯拉线圈"。

接下来特斯拉愈战愈勇，火力全开，同时进行共振、无线照明、无线输电、无线通信等方向的研究。

特斯拉曾9次入围诺贝尔物理学奖提名。他发现了X光，但没有深入研究其应用，最后是深入研究X光的伦琴获得了第一届诺贝尔奖。他进行了无线电通信研究，但大洋彼岸的马可尼率先将无线电信号传递过了大西洋，并因此获得了诺贝尔奖。1943年，美国最高法院承认特斯拉为无线电的发明者。

因为兴趣广泛而与两个重大发现失之交臂的特斯拉，没有吃一堑长一智，而是继续在各领域漫游。比如，他61岁时，提出了用短波脉冲的反射波来侦测远方船只的想法，这启发了后来雷达的发明。特斯拉还被认为对机械技术、机器人、弹道学、资讯科学、核物理和理论物理等各种领域有贡献。

由于特斯拉的卓越贡献，1931年，特斯拉在75岁生日之际，收到包括罗伯特·安德鲁·密立根、阿瑟·康普顿、阿尔伯特·爱因斯坦、威廉·亨利·布拉格等数位诺贝尔奖得主的贺信。1943年，特斯拉逝世，享年86岁,美国总统富兰克林·德拉诺·罗斯福、总统夫人埃莉诺·罗斯福以及副总统亨利·华莱士向他致以崇高的敬意。特斯拉的头像被印在塞尔维亚的货币上,因为美国为了留住特斯拉给了塞尔维亚很大的援助。

特斯拉曾自述道:"在我的脑海里,有许许多多的想法接踵而来,稍纵即逝,我只能捕捉其中很少一部分。而在这很少的一部分当中,我有时间和精力研究深、研究透的,只有极少数。而且常常会遇到另外一些也有同样想法的发明家,他们要抢先把这些想法搞成功。唉,不瞒您说,这真叫人心焦。"

他的实验室曾被烧毁,他发明的用新方法液化空气的装置也一道被毁掉了。他说:"我已经成功在即,而后来拖了几个月,于是一位德国科学家就把这个问题解决了。"

特斯拉说:"在那些日子里我是多么灰心丧气,要不是长期采用这种电气疗法,我想我到头也无法恢复过来了。您瞧,电力给这疲惫不堪的身体注入了最需要的东西——生命活力和精神活力。它是一位伟大的医生,而且我敢说,电是所有医生当中最伟大的医生。"

那么他是否经常消沉沮丧?特斯拉说:"大概并不经常……每一个有艺术家气质的人,都怀着满腔热忱,不断激励自己振作精神,奋勇向前。总的来说,我的一生非常快活,比我能设想的任何一种生活都更为快活。"

特斯拉是个怎样的存在?有人如此评价:"抛开他因为天赋异禀为世界做的贡献不说,他让那些鼓吹读书无用论的人,自私自利的小人,混吃等死的闲人,以及我们这些天赋普通觉得自己没什么用的大众,知道了人类究竟可以有多伟大。"

我把以特斯拉为代表的优秀人类,称为个体智能型创造家。所谓个体智能型创造家，是指那些主要依靠个人才智做出重大创新的人才。

在长达两三百万年的原始社会，人类和其他生物一样，生存策略是适应自然。1万年前人类进入农业社会，利用自然、改造自然成为时代的核心主题，发明创造家不断涌现。传说中我们的老祖宗炎、黄二帝就是创造家的代表：黄帝制衣冠、建舟车、制音律、创医学，炎帝尝百草、种五谷、造陶器、开集市。

到了工业社会，人类利用自然、改造自然的深度和广度极大增强了，发明创造家以更高的频率出现，牛顿、爱因斯坦、瓦特、居里夫人等都是典型人物。

从炎黄到爱迪生，人们公认这些创造家都很聪明，也就是高智商——据说爱迪生的智商高达260，爱因斯坦是200（普通人是90~110）。换言之，这些创造家的贡献依赖其卓越的个体智能，人们尊称其为"天才"。

个体智能型创造家的出众才华，体现在"旧要素的新组合"。

◎ 温故商业史：不同的生意有着共同的创新本质

经济学家熊彼特认为，所谓"创新"就是"生产要素的重新组合"，就是要把一种从来没有的关于生产要素和生产条件的"新组合"引进生产体系中去，以获得潜在的利润。这种"新组合"具体包括5方面：生产出一种新产品、采用一种新的生产方法、开辟一个新的市场、获得一种新原料或半成品的新的供应来源、实现一种新的企业组织形式。

相机、衬衫和零售等行业的创新案例，都可以印证熊彼特的观点。

早些年，中国人买数码相机买的是日本货，不懂的人觉得这是高科技。

后来接触过这个技术的人慢慢多了起来，大家才发现数码相机不就是镜头、CCD、FPGA等"旧要素的新组合"吗？随着智能手机的普及，卡片式数码相机的市场急速缩小，于是一些相机制造商选择与手机厂商合作。例如，有着120多年历史的德国相机品牌徕卡，2016年选择牵手华为手机，这种跨界合作，也是"旧要素的新组合"。

1996年，雅戈尔做了一款"HP棉免熨衬衫"，日销1万件，这是穿衣服与熨衣服的新组合；2018年，中国的一个年轻创业者，找到了一家大数据公司做分析，开始做线上量体，每天卖出3000件衬衫，这是量衣服与卖衣服的新组合；美国人推出了一款"纳米衬衫"，它会告诉你消耗了多少卡路里、心跳最快是什么时候，这是服装业与健康业的新组合。

沃尔玛创始人山姆·沃尔顿深知零售业的产品很难实现差异化，大家卖的东西都差不多，于是他把注意力聚焦在降低价格上。降低价格的关键是降低成本，山姆为此打破了行业惯例，进行了一系列的创新。他把商店搬到郊区，降低了租金成本；他还开放货架，让消费者自己去找所需货物，以减少店员，降低雇佣成本。美国的家庭基本都有汽车，距离不妨碍他们周末前来购买价格相对较低的商品。郊区商店大受欢迎之后，山姆开了多家连锁店。随着采购批量越来越大，山姆发现一个新的机会：以采购量大作为谈判筹码，压低供应商的价格。这个策略大获成功，让沃尔玛一直保持低价的同时，公司还能获取不错的利润。山姆·沃尔顿一生重组了采购、产品、价格、营销、管理等众多商业要素，使零售业的形态焕然一新，是企业家创新精神的典范。

◎ 温故技术史：创新者必须重视"旧要素"

创新不是"除旧立新"，不能把新和旧对立起来，因为创新是"旧要素"的新组合，是过去的延伸，是积累的进步。中国陶瓷、古腾堡印刷机、瓦特蒸汽机、中国高铁等古今中外的技术发明，都是这方面的经典案例。

青铜技术的出现在于冶炼温度的提高，当温度达到800摄氏度以上，青铜就可以熔化，可以冶炼，商周文明就建立在青铜冶炼技术之上。在这个基础上，将熔炼温度再提升到1148摄氏度，就能冶铁，铁器在军事和农业生产中的大量使用，成就了西汉王朝的辉煌。1148摄氏度的炉温源于几个技术的"新组合"。第一是靠燃料，中国人最早采用焦炭；第二是炉膛，中国人最早使用高炉；第三是风箱。到了东汉，烧制温度进一步达到1200摄氏度甚至1400摄氏度，中国陶瓷就出现了，这是基于冶铁炉温技术之上的新创造。

15世纪发明的古腾堡印刷机导致了一次"媒体革命"，迅速地推动了西方科学和社会的发展。它是典型的组合式创新，是中国的活字印刷术和铸镜技术、葡萄酒行业的螺旋压榨技术的"新组合"。

第一次工业革命期间的瓦特蒸汽机，开辟了人类利用能源的新时代。我们小时候在课本上读到，瓦特看到蒸汽从水壶嘴里冒出来而受到了启发，于是发明了蒸汽机。其实瓦特蒸汽机的发明，是基于众多前辈做出的卓越贡献。瓦特改良蒸汽机的想法，来源于他所修理的57年前发明的纽科曼式原型蒸汽机；纽科曼式原型蒸汽机又是在托马斯·萨弗里1698年发明的蒸汽机的基础上改造的；萨弗里的设计来源于法国人丹尼·帕庞1680年前后设计的机器图纸；帕庞的设计思想则来自荷兰科学家克里斯蒂安·惠更斯和其他人。瓦特蒸汽机的原理和技术，还有一部分可以追溯到中国古代科技，如风箱和炮膛，而炮膛源自中国发明火药之后的火铳。

中国高铁技术世界领先，这是获取日本川崎重工、法国阿尔斯通、德国西门子和加拿大庞巴迪等企业的高铁技术（"旧要素"）之后，进行"新组合"——消化、吸收、再创新的成果。截至 2017 年年底，中国高铁产品已出口全球近百个国家。

正如布莱恩·阿瑟在《技术的本质》这本书里总结的，新技术的出现，都是已有技术要素的组合。

◎ 温故科学史：站在前人的肩膀上去创造

创新源于过去的积累，还体现在科学领域，著名科学家的成就都是在他们那个时代已有知识的基础上做出的突破。

天文学家哥白尼、开普勒的研究进展都是以托勒密的《至大论》为基础。《至大论》同样借助了前人的知识：它使用了比较成熟的三角学的知识来讨论宇宙中星体的位置，三角学的知识源于更早的古希腊数学家梅内劳斯；它还用经纬度来标注位置，用星等来标注亮度，这套方法是比托勒密早了 300 年的古希腊天文学家希帕求斯做出的规范。

牛顿的《自然哲学的数学原理》整合了当时英国的国际贸易公司、世界各地的传教士、欧洲大陆的天文学家提供的知识，如当时的潮汐、水位，世界各地摆钟的长度、摆动的周期，各个地方彗星的位置。这些实测数据，是支撑牛顿发现万有引力的重要证据，他站在了无数人的肩膀上。

◎ 温故文艺史：大师不是从石头缝里蹦出来的

人们对著名文艺家的印象是天赋惊人、灵感多多，但文艺领域讲究师承，这说明文学家、艺术家同样是在传承的基础上创新的。例如，莫言称美国作家福克纳为导师，曹雪芹写《红楼梦》受到《金瓶梅》的深刻影响。

《百年孤独》作者马尔克斯影响了很多当代中国作家，同时他自身也受到格雷厄姆·格林、伍尔夫、博尔赫斯、福克纳、海明威、胡安·鲁尔福等众多作家的影响。例如，他读到卡夫卡的《变形记》，突然意识到自己也可以如此写作。

著名画家、篆刻家、书法家齐白石，27岁开始学画，拜在湘潭名士胡沁园门下，打下了绘画和书法基础。来到北京后，齐白石崇拜创新求变的画家吴昌硕，这让他建立起了自己的风格。齐白石的老师还有民间艺人萧芗陔、著名书法家张伯英、湘潭名士王闿运，等等。齐白石的书法演变大致有3个阶段，即单一模仿期、多体模仿期、化古为己期，这是从多方模仿到自主创新的过程。

恩格斯对文艺复兴有一段广为流传的评价："这是一次人类从来没有经过的最伟大的进步和变革，是一个需要巨人而且产生了巨人——在思维能力、热情和性格方面，在多才多艺和学识渊博方面的巨人的时代。"

文艺复兴时代的"巨人"有多厉害？与彼特拉克、薄伽丘并称为"文学三杰"的但丁，对美术、音乐、诗学、修辞学、古典文学、哲学、神学、伦理学、历史、天文、地理都有深入研究，他的代表作《神曲》，融合了他对这些领域的研究。

与米开朗琪罗和拉斐尔并称"文艺复兴三杰"的达·芬奇，除了是画家外，还是顶级的科学家，爱因斯坦认为，如果达·芬奇的科研成果在当时就发表的话，科技进步可以提前30~50年。为了绘画，达·芬奇曾研究了光学、几何学，为了准确表现肌肉、血管、心脏、眼睛的构造，他甚至亲自解剖过尸体，他的艺术创造，归功于"旧要素的新组合"。

◎ 个体智能型创造家的素质模型

商业、科学、技术、文艺等各领域的创新案例，足以说明个体智能型创造家的工作是"旧要素的新组合"。那么，实现"旧要素的新组合"需要哪些能力素质？

创造学之父亚历克斯·奥斯本说过，人类是靠想象力征服世界的。比如，神话小说《西游记》中的千里眼、顺风耳、筋斗云，科幻小说中的复制人、智能机器人、登陆月球，今天都已经成为或正在成为现实。

创新既然是"旧要素的新组合"，那么除了拓展思维空间、实现"新组合"的想象力，掌握"旧要素"（知识）也必不可少。想创新却没有知识，就好比想开汽车却发现车里没有油。有专家进一步指出："具有丰富知识和经验的人比只有一种知识经验的人更容易产生新联想和独到的见解。"

中国人为什么自古崇尚教育？因为只有这样才能快速掌握丰富的"旧要素"，一个人如果只靠自己在实践中摸索获得的直接经验建立自己的知识体系，愚钝几乎是必然的。

随着社会和科技的加速发展，我们必须快速学习，以掌握不断涌现的新的"旧要素"。管理大师彼得·圣吉说："你未来唯一持久的优势就是有比你的竞争对手学得更快的能力。"

学习力不仅包括快速学习的能力，还要有跨界学习的意识，除了学习自身所处学科和领域的专业知识，还要重视学习跨学科、跨领域的知识，因为"旧要素的新组合"很多时候是不同学科知识的新组合。例如，乔布斯实现了科学与艺术的跨界；特斯拉创始人马斯克本科时主修商业，物理学是他的第二学位，而物理学对他的创新创业有很大影响，他实现了科学与商业的跨界。

不论是对一个领域的长期学习，还是持续想象，都是需要动力的，由好奇心带来的兴趣力就是动力的来源，它好比汽车的发动机。没有兴趣力，就像发动机坏了，靠司机、副驾和乘客（靠坚忍、自律和承诺）来推车，虽然可以继续前行，但是会很痛苦，而且进步很慢。而热爱带来的激情，可以帮助人们撑过日日辛苦、夜夜加班的时光，甚至乐此不疲。

著名投资家段永平表示："你如果总是待在自己不喜欢的地方，你可能永远都不会知道自己真正喜欢什么。所以发现（在做）错的事情，就要停。多去尝试，去寻找。做自己喜欢的事，就没有加班的概念了，因为你会想尽办法工作。"

清华大学物理系曾邀请4位诺贝尔奖获得者来访，在探讨他们为什么取得了不起的科学成就时，清华学生认为基础好、数学好、动手能力强、勤奋、努力等因素至关重要，然而，这4位诺贝尔奖获得者的回答高度一致，不是这几个词中的任何一个，而是好奇心最重要。

吴军指出："拥有了好奇心，相当于自己永远对输入不关门、不封闭。只要输入不停，就是永远给自己以机会。"诺贝尔奖获得者、美国麻省理工学院教授丁肇中，82岁还没有退休，每天工作12小时仍不知疲惫，因为他有对浩瀚宇宙的未解之谜的强烈好奇心："宇宙中什么地方还有生命？如何找到？他们是不是拥有着跟人一样的智慧？"

丁肇中自述道："在我做寻找新粒子的实验尚未成功之时，人们说我是傻子，因为成功的可能性极低；但当我找到新粒子的时候，人们又说我是天才——其实，傻子与天才之间只有一步之遥。要永远对自己充满信心，做自己认为正确的事；同时，要对意料之外的现象有充分的准备。总之，要实现你的目标，最重要的是要有好奇心，不断地追求，再加勤奋地工作。"

爱因斯坦也曾说过："我没有特殊的天赋，我只是极度地好奇。"1918年，爱因斯坦在普朗克60岁生日庆祝会上，发表了著名的讲话《探索的动机》。他说："在科学的庙堂里有各式各样的人，他们探索科学的动机各不相同。有的是为了智力上的快感，有的是为了纯粹功利的目的，他们对建设科学殿堂有过很大的甚至是主要的贡献。但科学殿堂的根基是靠另一种人而存在。他们总想以最适当的方式来画出一幅简化的和易领悟的世界图像，他们每天的努力并非来自深思熟虑的意向或计划，而是直接来自激情。"

这种非功利主义的内在激情给丁肇中、爱因斯坦这样的顶级科学家提供了源源不断的强大动力。缺乏发自内心的长久兴趣，急于求成、急功近利、追求短期效果（如发表论文、申请专利、公司上市）的浮躁心态，是不可能达到伟大成就的。

好奇心塑造着一个人的偏好和喜好，一个人有自身的偏好（兴趣）是件极其重要的事。湖畔大学产品模块学术主任梁宁，与小米的雷军、YY的李学凌、美图的蔡文胜、阿里的俞永福、美团的王兴、豆瓣的阿北等诸多互联网大佬都是10余年的好友。她通过对这些顶级企业家的观察，发现了命运的规律：如果把人想象成一部手机，人的情绪是底层的操作系统，他的能力只是上面一个个的应用程序。上帝安排一个人的命运，或者说给一个人使命，其实是给他一个爱好，一种真实的喜欢，一种叫作"瘾"的东西。

什么是普通人？就是快乐没有那么强烈，痛苦也没有那么巨大的人。所以，他们的人生会在既定的轨道上相对平衡地运行，而不是被快乐和痛苦牵引撕扯，没完没了地折腾。

什么叫有一技之长的人？就是当他在沉下来做某件事的时候，他不厌其烦，乐在其中，完全不理会别人的差异或者不理解。

什么是杰出的人？就是如果他想要的那个东西，他得不到，他就像万蚁噬心那样痛苦。牺牲什么都可以，他必须得到他想要的那个东西。

例如，从金山退休后的雷军，已经是亿万富翁，但很痛苦，他受不了同时期的其他大佬走在他前面、比他强大。正是这种痛苦，驱动了雷军在2010年克服了"再创业，若失败我就身败名裂"的恐惧，重新出发，创立小米。

有了学习力、想象力和好奇心（兴趣力）就够了吗？个体智能型创造家还需要具备批判思维。

天才与疯子都有丰富的想象力，心理学家称之为"认知抑制解除"。

所谓"认知抑制",是指人们每秒钟接触到的信息量高达几百万个比特,但大脑每秒能够处理的信息估计只有 50 个比特,不到万分之一,这就需要我们大量地忽略信息。例如,我们上班时一眼就能看到同事换了新造型,或者办公室里多了些花花草草,其他大量信息是被自动忽略掉的,这样的"认知抑制"是我们的本能。"认知抑制解除"就是指有些人能够解除认知抑制的本能,注意到被一般人忽略掉的信息,从而发现一些新东西。例如,科学家做实验往往要准备好多个培养皿,在实验条件有限的情况下,出现样品污染很正常,科学家往往不会对每个看上去不太对的培养皿都深入研究,这是科学实验中的"认知抑制",这样可以帮助科学家围绕重点工作,节约大量时间。但凭借发明青霉素而获得诺贝尔奖的亚历山大·弗莱明,有一次注意到放了细菌培养液的培养皿里,有一处蓝色的发霉的地方,这个霉点周围没有细菌,好像细菌都被杀死了。正常情况下不必关注这个异常细节,但弗莱明进行了深入研究,最终发明了青霉素,名垂青史。

其实疯子跟弗莱明很像,经常处于"认知抑制解除"的状态,关注"不该关注"的细节,不会过滤"错误"的想法。但天才比疯子多出一个能力,他们能在"认知抑制解除"之后,判断、筛选、驾驭和经营那些想法,分析出哪些细节重要,哪些细节不重要,从而再次忽略不重要的细节,把重要的细节留下,成为自己的灵感来源。这种判断力来自他们的批判思维。

曾有几位来访的美国大学校长与中国教育界高层领导会见,当被问及中国留学生在美国大学中表现的优缺点时,他们都不约而同地指出中国学生"基础知识扎实,但缺乏批判性思维"。批判性思维就是善于对被广泛接受的结论提出疑问和挑战,并用分析性、创造性、建设性的方式对疑问和挑战给出新的、更好的答案,而不是无条件地接受专家和权威的意见。

总之,个体智能型创造家的素质模型是:学习力 × 想象力 × 兴趣力 × 批判思维

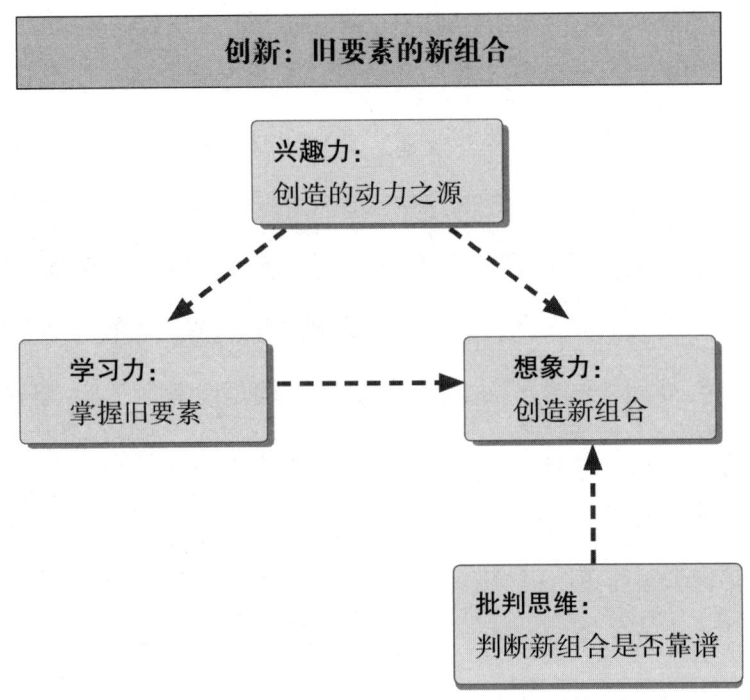

今天的中国教育,在上述素质的培养上是有明显缺失的。2009年教育进展国际评估组织的一项调查显示,在21个被调查国家中,中国孩子的计算能力排名第一,想象力排名倒数第一,创造力排名倒数第五。此外,在中国的中小学生中,认为自己有好奇心和想象力的只占4.7%,而希望培养想象力和创造力的只占14.9%。中国的大学生在想象力方面也依然表现不佳,中国学子每年在美国拿博士学位的有2000人之多,为

非美裔学生之冠，但美国专家评论说，虽然中国学子成绩突出，想象力却非常缺乏。

◎ 相关理论：创造教育

在教育理论史上，与培养个体智能型创造家相对应的是"创造教育"这一流派。

1869年，英国心理学家、优生学家高尔顿（达尔文的表弟）开启创造教育研究之先河，出版著作《遗传的天才》。20世纪中后期，创造教育这一流派蓬勃发展：布法罗大学开设了指导学生创造性思维的实验课程；陶行知为中国创造教育开拓者，20世纪30年代在育才学校设立"育才创造奖金"，后发表《创造宣言》；美国企业界先于教育界开展了创造教育，1933年，美国电气与电子协会高级会员奥肯写成了一本供发明培训使用的讲义，并向教育部门申请在波士顿开办发明训练班；1937年，史蒂文森在通用电气公司为技术人员开设了创造工程课程；创造教育在日本很受重视，1960—1979年有关创造力培养的著述译作有250多种，他们还开展了这方面的实践活动，如创设"发明教室"等。

创造教育关注的中心是创造素质，包括创造性品质（强烈的创造动机、顽强的创造意志等）、创造性思维（头脑风暴法、直觉思维训练等）和创造性技能（类比模拟法、移植法、逆向求索法等）。与传统的教学方法相比，创造性教学方法能够取得更好的教学效果，大量训练实验结果表明，专门的创造力训练可以使学习者的创造力提高10%～40%。

就目的看，创造教育重运用知识，传统教育重掌握知识；就教法看，创造教育重启发，传统教育重传授；就学法看，创造教育重发现，传统教育重接受。创造教育仍强调知识是创造的基础及教师在教学中的主导作用，其特点是调动学生的积极性和主动性，鼓励学生主动探索，重发散思维，学有特色；其任务是培养好奇心、创造意识、创造毅力、创造思维能力和技法等。

◎ STEAM 教育：从小培养个体智能型创造家

多年来，我们一直以机器人编程为载体来开展少年儿童的 STEAM 教育。

STEAM 代表科学（Science）、技术（Technology）、工程（Engineering）、艺术（Art）、数学（Mathematics），它强调的是学科融合，不要孤立单项——这样的综合知识训练，显然对实现"旧要素的新组合"大为有利。

21 世纪以来，美国、英国、德国、芬兰等主要发达国家，都从国家战略高度制定了 STEM 教育（STEAM 教育的前身）的政策与措施。例如，美国国会通过了《国家竞争力法》，提出应加强 STEM 教育投入，随后制定了《K-12 科学教育框架》和《新一代科学教育标准》，推动 STEM 教育全面展开；德国为推进"工业 4.0"体系建设，搭建了 STEM 教育战略框架，将促进 STEM 人才培养写入国家发展战略。

我认为的 STEAM 课程体系不是一个单一的课程，它是包括生物、物理、机械、数学、几何、电子、工程、艺术、建筑等在内的一个知识（旧要素）综合体：例如，在孩子的观念中，他们只是知道汽车可以前进，并不了解其中原理，通过搭建汽车模型，孩子们可以通过齿轮、履带、杠杆等各种简单机械原理了解到汽车前进的奥秘；再比如，当孩子们给搭建的机器人加入红外感应器、电磁感应器、距离传感器等模块时，他们必须具备物理以及数学相关知识。

孩子们会开心地告诉父母，这堂课我搭建了什么，这个是桥、那个是升降机等，而这其中的原理是他们在家里玩积木时没有专人引导，也没有人可以系统地完成教学的。

为更好地进行STEAM教育，我和我的团队一直坚持自主研发适合儿童学习的教具，比如球形机器人、金属机器人等。我认为寓教于乐的教学模式，有利于提升孩子学习力；利用同样的模块，可以搭建出千百种不同的作品，这对提升孩子的想象力大有好处；同时，机器人是一种综合知识的实践产物，每一个孩子对搭建机器人基本上都是零抵触心态，这样的好奇心（兴趣力）最有利于开展STEAM教育；机器人搭建过程中会遇到种种问题，在分析问题、解决问题的过程中，孩子们的逻辑能力（批判思维）得到了提升。使学习力、想象力、兴趣力、批判思维同步提升，是我一直坚持的教育理念。

接下来的几节，将介绍提升孩子们"组合旧要素"的创造力的更多教育方法。

二、学习力：激发脑力与同辈学习

在孩子所处的不同学习阶段，提升学习力有不同的侧重点：对于学龄前及小学阶段的儿童，创造环境提升智力水平是关键，错过了就难以弥补；中学生要面对应试教育的巨大压力，如何提升学习效率是重中之重；大学生学习的内容不能局限于书本，要向优秀朋友学习，要从社会活动中学习。

◎ 方法一：用节奏感强的音乐开发智力

据《论语》记载，孔子在齐国听到舜的音乐"韶"，3个月不知肉味，全身心沉浸在音乐的境界当中。在孔子的教育理论中，不仅重视礼教（礼仪教育），还重视乐教（音乐教育），他给弟子开设礼、乐、射、御、书、数6门课程，有"兴于诗，立于礼，成于乐"之说，使乐教成为人格教育完满的最高目标。新儒家代表人物徐复观表示："孔子对于音乐的重视，可以说远超出后世尊崇他的人们的想象，这一方面是来自他对古代乐教的传承，一方面是来自他对于乐的艺术精神的新发现。"

音乐的教育意义得到了现代科学研究的支持。

1993年，哥伦比亚大学的罗斯彻与加州大学的戈登·肖提出了一个假设：音乐和空间推理能力这两者之间存在某种联系。为此他们进行了一项实验，将36名非音乐专业大学生分为3组，设定自变量为莫扎特《D大调双钢琴奏鸣曲》、通俗音乐和没有任何音乐刺激。实验方法是单纯的欣赏，经过了10分钟后采用斯坦福—比纳智力量表进行测验，发现听了莫扎特音乐的学生的测验成绩比其他组高出8～9个百分点，但这种效果持续了10～15分钟之后就会消失。

莫扎特的作品大多纯净、新鲜、明亮、节奏稳定，符合人体内部特有的生理规律，这种特征能够激发欢快、愉悦等正性情绪，这种正性情绪反过来又能促进认知加工水平的提高。罗斯彻推断，如果经常给孩子听莫扎特的音乐会永久性地提高这种能力并影响终生。法国医生托马提斯据此提出了"莫扎特效应"这个术语。

"莫扎特效应"不单指莫扎特本人的音乐，而是泛指，这些音乐大多与莫扎特的音乐具有相同或相似的曲式结构。研究者通过对大量欢快音乐的结构做进一步了解和分析后发现，乐曲中的时间波段（节奏、旋律）几乎可以与脑频率对称。安静松弛状态下脑电波的频率有30秒一次的循环，而在欢快的音乐中脑电波每30秒就会出现一个高峰，所以这种有规律重复的旋律（节奏）在人脑中激起的反应最大。脑电波的变化与人的心理活动密切相关。欢快音乐使人变得愉悦、精神放松并且思维高度活跃，促使α波明显增高，而噪声状态和不和谐音乐就没有这种变化。

2016年年初，中国科学家用一项研究结果证实了一直都存在争议的

"莫扎特效应"。

电子科技大学生命科学与技术学院教授尧德中及其研究团队在实验中，把100余只大鼠分成不同组做了系列实验，包括让大鼠聆听莫扎特K.448号乐曲和反向莫扎特（通过把莫扎特K.448号的音符以相反序列排列所得），以此作为对照，保证被聆听的音乐的物理元素是相同的。

研究人员检测了大鼠听音乐后不同时间点和学习记忆相关的神经因子的水平变化，以及音乐对大脑新生神经元的影响，这些实验结果均支持"莫扎特效应"的存在。

研究人员通过改变莫扎特音乐的节奏或音高成分，发现保留莫扎特节奏成分的音乐可产生与莫扎特音乐类似的效果；而仅保留音高成分的音乐没有明显效果。这说明，节奏成分可能是"莫扎特效应"的关键因素。

在对人的检测中，课题组成员挑选了60名大学生，他们被分成3组。在相同环境下，分别听莫扎特音乐和反向莫扎特音乐，还有一组学生什么也不听。在相继一周的时间里，3组学生每天听半小时相应的乐曲，并进行一系列包括用笔在纸上走迷宫，以及折纸和裁纸等测试。结果发现，听莫扎特音乐一组的学生表现更好，听反向莫扎特音乐的学生表现最差。

研究团队发现，聆听莫扎特音乐对大脑有好处，可以观察到新生神经元的增加；而聆听反向莫扎特音乐（节奏被打乱的音乐）对人和大鼠均有负效应，会使得新生神经元减少、行为认知能力减退。

上述几项研究告诉我们，"莫扎特效应"的秘密，不在于莫扎特音乐本身，而在于它的节奏，人类的大脑天生爱节奏。

有家长发现，小宝宝对世界名曲类型的音乐没啥反应，却很喜欢"小苹果"这一类的广场舞音乐，一听到就兴奋得手舞足蹈。他们担心这类音乐会影响小宝宝的情绪发展,到底该不该给小宝宝听这一类音乐呢?

莫扎特音乐比较有节奏感,而广场舞音乐的节奏感更强,因此小宝宝喜欢广场舞音乐很正常。家长可以给孩子听多样化的音乐,不必拘泥于古典音乐——音乐的类型不重要,节奏才是重点。

科学家研究发现,如果让孩子在听着音乐的同时打着节拍,每天只要 20 分钟,足以影响孩子的记忆、语言、注意力等认知能力。为什么打节拍会有这么神奇的功效呢?因为它需要大脑的听觉中枢、运动中枢和顶叶(智力核心脑区之一)三者的信息传递和综合才能完成。孩子听到音乐打节拍的时候,他需要协调听到的声音,准确地感知节拍的时间点,然后协调他的身体运动打节拍。因此打节拍是一项高级技能。

此外,节奏和人类语言有着密切关系。美国西北大学听觉神经实验室的研究人员测量了儿童大脑活动之后,发现孩子们节奏感和听觉工作记忆越好,他们的阅读和识字能力也越强。因此父母给孩子唱童谣的时候、读诗的时候,都可以让孩子配合着打节拍,培养其节奏感。如果孩子还不太懂得节拍规律,家长可以做示范供孩子模仿。

◎ 方法二:"额外对话"提升思考力

诺贝尔奖获得者、犹太人赫伯特·布郎曾经说过:"我的祖父总让我自己提出问题,自己找出理由,然后让我自己知道为什么。我的整个童年时代,父母都鼓励我提出疑问,从不教育我依靠信仰去接受一件事物,而是一切都求之于理。可能这就是犹太人的教育比其他教育略胜一筹的原因吧。"

犹太人的父母喜欢给孩子讲故事，还经常在讲故事的时候穿插问题，激发孩子的好奇心，引导孩子思考、提问。

比如，《圣经》里"挪亚方舟"的故事是犹太家庭必讲的。创造世界万物的上帝耶和华见到地上充满败坏、强暴和不法的邪恶行为，于是计划用洪水消灭恶人。同时他也发现，人类之中有一位叫作挪亚的好人。耶和华神指示挪亚建造一艘方舟，并带上他的妻子、3个儿子及儿媳。同时神也指示挪亚将牲畜与鸟类等动物带上方舟，且必须包括雌性与雄性。当方舟建造完成时，大洪水也开始了，这时挪亚与他的家人，以及动物们皆已进入了方舟。洪水淹没了最高的山，在陆地上的生物全部死亡，只有挪亚一家人与方舟中的生命得以存活。

一位犹太父亲这样提问："孩子们，你们谁能告诉我，为什么挪亚是唯一得到上帝宽恕并受到上帝特别照顾的人？"孩子们的第一个答案是："因为挪亚有很多子女。"父亲说："村子里很多人的家庭一点都不比挪亚的小。再想想！"过了一会儿有了第二个答案："因为他年纪大。"父亲说："挪亚当时年纪是很大，但他并不是村里年纪最大的人。孩子们，再想想挪亚到底和别人有什么不同？"孩子们的第三个答案是："因为挪亚信仰上帝，对不对？""对，但答案不止这个。""因为他善良。"父亲高兴地说："没错！因为挪亚善良、乐于助人、虔诚地信仰上帝。孩子们，你们说得很好！"

这位父亲之所以不在讲故事的时候说出这番道理，是想培养孩子们的思考能力和表达能力。"对话法"是犹太家庭教育孩子的一个关键方法。即使面对牙牙学语，还听不懂大人在说什么的孩子，犹太家长也经常和他们进行对话，并且鼓励孩子多说话，多和客人沟通。

科学家们研究发现，犹太家长与幼儿进行对话的传统是非常关键的育儿方法。研究智力决定因素的两个重要学者——托德·里斯利和贝蒂·哈特观察并记录了一个样本，在孩子3岁之前，受过大学教育的、健谈的父母平均对他们的孩子说了4800万个单词，而"福利家庭"中的孩子只能听到1300万个。他们对这些3岁的孩子进行了智力测验，发现孩子在出生早期听到的单词数量与他们掌握的词汇量存在很强的正相关，相关系数达到0.6。

如果减去"把食物吃完""把手伸出来""坐进车里吧"和"该睡觉了"这些"正式对话"的单词数量，只关注"额外对话"中的单词时，孩子们听到的单词数量与他们智力测验的分数之间相关系数高达0.78。托德·里斯利和贝蒂·哈特发现，那些直到1岁左右父母才开始和他们对话的孩子，在智力上无法和那些一出生父母就开始与之交流的孩子相比。

所谓的能够显著开发幼儿智力的"额外对话"，是指父母与婴儿面对面，以完全成人式的、复杂的、闲聊式的语言和孩子进行对话，仿佛孩子正在聆听、正在理解，并且能够对此做出反应。"额外对话"经常发生在喂食、购物、散步、叠衣服、换尿布或亲密拥抱的时候。

"额外对话"更多地谈论"假如……""你还记不记得……""你难道不该……""如果……会不会更好"，等等。这些对话通常以疑问的形式，邀请婴儿对自己正在做的事情、家长正在做的事情或正在计划做的事情进行更加深入的思考，这对激发孩子的好奇心很有好处。需要注意的是，如果父母太忙，让孩子看电视或旁听商务会议，对孩子的智力不会产生多大好处，父母用复杂的成人语言与孩子进行的交流才是真正有益的。

那"额外对话"促进智力发育的背后，有什么科学依据呢？

人类的大脑由100亿~1000亿个神经元组成，这些神经元相互之间日夜不停地发送信息和接收信息。一个神经元的轴突与另一个相邻神经元的树突相互接触的位置叫作突触，突触是几乎所有大脑活动发生的位置。认知科学家们认为，互相联系的细胞间重复的激活作用会引起突触的物理变化，使得神经元在突触间传递信号的效率比建立联系前更高。婴儿智力发育的关键就是使用和发展他们的突触通道，以强化思维过程。

如果父母经常与孩子进行"额外对话"，在孩子出生后的36个月内跟他说4800万个单词，那孩子大脑里的无数突触通道就能得到训练和改善。孩子以后就能更快速、更容易、更加自动化地思考，也就是说，这些孩子会更加聪明。跟3岁前能听到1300万个单词的孩子相比，他们的大脑中"通畅"的突触结构要多2.7倍，每个大脑细胞都可以通过多达10000个突触与其他细胞相连接。这些孩子比起3岁前只能听到1300万个单词的孩子，拥有无法估算的认知优势，他们的大脑能以更加复杂的方式进行思考。

托德·里斯利有个重要结论：收入水平、种族和父母的教育水平对孩子的认知能力水平没有太多关系，一些从事普通工作的贫困父母，如果对孩子说很多话，他们的孩子也会表现得很好。一些富裕的商人，如果很少跟孩子聊天，他们的孩子同样会表现得很差。种族同样不是决定因素。所有幼儿认知的变化都取决于在孩子3岁以前，与孩子聊天时包含的单词数量。

◎ 方法三：文科熟读，理科精思

南宋大思想家朱熹曾提出6条读书法，是古代读书法的精华，其中的熟读精思原则，同样适用于提升应试压力巨大的中学阶段的学习力。

熟读就是要对一本书了然于胸，没有哪一处是记不起来的。精思就是不能停留在看起来都懂的阶段，要反复体会玩味，直到书里的道理仿佛就是自己想出来的那样。熟读精思就好比吃饭吃菜要细嚼慢咽，才能品出饭菜的真正滋味。如果不熟读精思，就好比囫囵吞枣，狼吞虎咽，结果是消化不良，损害肠胃。

现在很多孩子的学业负担之所以很重，是因为要买大量的教辅书，做很多很多的练习题，虽然下了很大功夫，吃了很多苦头，但大部分学生的学习成绩不见得有多好。朱熹的熟读精思原则能有效地解决这个难题。

首先，文科学习的关键是"熟读"。

政治、历史、地理等文科靠的是对课本知识点的记忆，关键不在于做很多题，而是不断地熟读课本。

我有个朋友，他高三复习文科综合的策略很简单，把绝大部分时间用来看课本；他的同桌和后桌的策略则是买上一大摞参考书，天天做习题。最终他的文科综合高考分数比同桌和后桌高了30多分，他考进了浙江大学，而他的女同桌和男后桌都没考上重点大学。在他们学校高三文科综合的多次模拟考中，最高的一个分数是280分，离满分只差20分，也是我的那个朋友考出来的。

文科考题都是源自课本知识，因此文科学习要抵御不断做题的诱惑，多花时间熟读课本。如果家长帮孩子买参考书，就每门课只买一本以梳理知识点为主的参考书。

英语和语文的学习关键也是熟读。清朝诗人郑板桥认为，《诗》《书》《礼》《易》《春秋》和《二十一史》，以及一万多卷的《佛教大藏经》，每一句话都读，那就是呆子；汉朝、三国两晋南北朝、唐朝、宋朝的诗人，每一家都学，就是蠢材。如果孩子写不好语文和英语的作文，家长可以建议孩子试试郑板桥的方法，写作文只学一家。比如，新东方创始人俞敏洪说，他认识的英语写作最厉害的人，学习方法很简单，就是把4本《新概念英语》背得滚瓜烂熟，甚至能倒背如流。那个人去美国的名牌大学留学，作文写得比美国的大学生还要好很多。中文写作也是一样，家长可以让孩子挑选一个自己喜欢的作家，把那个作家的文章熟读背诵，模仿吸收，就能写出不错的作文。

其次，理科学习的关键则是"精思"。

物理、数学等理科考的是对公式和定理的理解，做题的目的是加深对公式和定理的理解，每次做错题目或看到新鲜的解题方法，都是加深对公式和定理的理解的好机会，这时应该停下来好好琢磨，并且把这样的题目摘抄到专门的本子上，而不是马不停蹄地继续去做下一道题或下一张卷子。家长要提醒孩子，在学习物理、数学的时候，要减少做题的时间，增加思考的时间。

清朝学者李光地提出了精熟一书法，他认为，只要能把自己精心挑选的一本书彻底吃透，基础打扎实了，就能触类旁通，轻松领悟其他同类书。好比带领千军万马的大将，一定要有几百个忠心耿耿敢于拼命的子弟兵；朋友遍天下的人，一定要有一两个肝胆相照，能够同甘共苦的铁哥们，这样才能渡过很多难关。读书也要有一本完全读透的书来打好基础，然后一通百通。

家长要告诉孩子这个道理：理科学习必须坚持"精思"原则，教辅书一定要精挑细选，吃透一本打好基础，这样会做的题目数量就会像滚雪球一样越滚越大，最终一定会有好成绩。

◎ 方法四：精英圈子 + 社会活动

进精英大学的主要好处是什么？约翰·纽曼在《大学的理念》一书中说道："先生们，如果让我必须在那种由老师管着、选够学分就能毕业的大学和那种没有教授和考试、让年轻人在一起共同生活、互相学习三四年的大学中选择一种，我将毫不犹豫地选择后者……为什么呢？我是这样想的：当许多聪明、求知欲强、具有同情心而又目光敏锐的年轻人聚到一起时，即使没有人教，他们也能互相学习。他们互相交流，了解到新的思想和看法、看到新鲜事物并且掌握独到的行为判断力。"年轻人毕业后是要跟人打交道的，是否擅长从别人身上学到东西至关重要。

有不少研究成果支持纽曼的观点。很多教育家认为，把哈佛大学某一年入学的全部 1500 名本科生，送到一所二流大学接受教育，他们未来成才的比例仍会非常高。他们认为，一流大学的优秀生源和学习环境是学生们成才的关键原因，身处一个平均水平高的圈子，自己的水平也会高起来。教授的讲课水平并不是哈佛、斯坦福等名校广出人才的关键，因为很多有名的教授，他们或是专心搞研究或是自己开公司，讲课并不认真，和二流大学的教授讲课水平差别不大。

吴军在《大学之路》中介绍了加州伯克利大学的成才案例。伯克利大学每年入学的本科生数量是哈佛、斯坦福的三四倍，其中的精英人数并不比哈佛、斯坦福少。他们比较明确未来的目标，积极主动，对课程以外的事情非常上心，有比较强烈的领导欲。这些大约占20%比重的精英学生会在入学一年后形成一个圈子，彼此相互竞争也相互学习与合作，这些精英学生的水平最终和哈佛、斯坦福学生的水平差距很小。从伯克利毕业的学生中，综合成绩排名前1%的人和哈佛最顶尖的毕业生相比毫不逊色。伯克利还有一个排名最后20%的学生的圈子，他们也相互影响，最后要么留级要么退学。

圈子决定命运，孩子如果能努力考进一流的大中小学，自然皆大欢喜；如果孩子进的是二流学校，家长就要鼓励孩子努力构造一个好的圈子。

欧美的精英大学还有个学习理念：课外活动带来的全面发展很重要。耶鲁学生一半的时间都花在了课外活动中，因为他们的学业负担并不重。耶鲁的学生在大三才选专业，而且只要选够36门课就可以毕业，不用做毕业论文，差不多60%的学生都能得A。学校不想让学生用全部时间来准备考试，学校希望用各种看似和考试无关的活动，培养学生的各种优秀品质，比如拼搏精神、团队精神、领导能力、社交能力、表达能力、全球视野和社会责任感。大家成绩都差不多，比拼成绩没有意义，如果在耶鲁上学，却没学到这些，就失去了在那里读书的意义。

哈佛、耶鲁要培养未来的领袖，领袖不能不读书，但不是"书呆子"。

他们要舍得把时间花在各种社会活动上,要竞选各种组织的领导位置,要争取在学校的各类活动中发挥作用:比如,规划活动流程,募集资金,协调各方时间,等等。在各种社会实践中解决各种问题,这些也是他们特别重要的学习内容。不少中国留学生因为害羞不愿意去参与这些社会活动,实际上没得到在精英大学读书的大半好处。

三、想象力：新鲜经历与提问启发

想象力丰富，是儿童最宝贵的素质之一。当大人问孩子，为什么和一个盒子在玩，得到的答案很可能是："这不是一个盒子。"对宝宝来说，这可以是一艘船、一辆车、一间房子……地上的泥土，孩子可能也会特别珍惜地抓起来，放到捡来的叶子上，告诉你："这是一碗香喷喷的饭！"

曾经有一位记者拿着一幅无名抽象画，来测试孩子和成年人的想象力。"外星人""动物园""金鱼""家""斗牛图""地球"……在孩子们眼里，它"一切皆有可能"；而对许多成年人来说，这看起来就是一幅人脸画像而已，答案一致得就像歌曲"世界只是唯一"，寻找标准答案的心理，让他们的想象力流失了。

今天的家长和教师，应当掌握阅读、旅行、游戏、艺术、提问等保护和提升孩子想象力的经典方法。

◎ 方法一：读万卷书

中国古代教育强调"读万卷书，行万里路"。家长在孩子小的时候，就要带他们"读万卷书"——给孩子讲故事。

小孩子都喜欢听童话故事，这些故事虚构了景物、人物、声音、情境及气味等，这种想象力对孩子是十分有建设性的。孩子听这些童话故事时，会发散思维。孩子的小脑袋里总是藏满了各种各样的问题，当他们在听故事的过程中着急地问"为什么"时，父母要时常忍住回答的冲动，反过来问："你认为呢？""你怎么想到的呢？""那样又会怎样呢？"这样的反问能帮孩子思考更多。

等孩子长大一些，可以给他们读经典文学，这是想象力的源泉。《西游记》中有81次奇遇，《镜花缘》中有30个异域探险，《魔戒》中有九大经典种族，《地心游记》中有地下世界的种种奇观……

◎ 方法二：行万里路

当今学者的研究，证明了带孩子"行万里路"的必要性。学者们发现，如果一个人在青少年时代，生存的环境有比较强的多样性，就能够获得更好的创造性，同时又能保持理性（第一章所说的"天才"的两大特质）。所谓"多样性"的环境，就是各种复杂的经历，比如一个能接触到不同文化的环境，一个多语言的环境。"行万里路"显然能够让人接触到不同文化的环境，从而有利于获得更好的创造性。正如作家蒋勋所说，人在一个环境太久了、太熟悉了，会变得脑子僵化、心灵麻木，就失去了他的敏锐度，也失去了创造力的激发，所以需要旅行。

以文学创作为例，唐代文人的旅行风气很兴盛，这是唐诗兴盛的一个重要原因。诗仙李白喜好四处游历，"此行不为鲈鱼脍，自爱名山入剡中""五岳寻仙不辞远，一生好入名山游"。李白一生的足迹遍布大半个中国，吴越、荆扬、齐鲁、幽燕、皖南、关中、川渝，他都转了个遍。有人统计，李白先后去过206个州县、80多座名山，江河湖海去过60多处。

李白的几首名作，比如"飞流直下三千尺，疑是银河落九天""云山海上出，人物镜中来""兴酣落笔摇五岳，诗成笑傲凌沧州""黄河西来决昆仑，咆哮万里触龙门"等，都是旅途中触景生情，随手演绎的磅礴大气之作。

李白有一首《游泰山六首之一》，很能体现旅行启发想象力的功能："登高望蓬瀛，想象金银台。天门一长啸，万里清风来。玉女四五人，飘飘下九垓。含笑引素手，遗我流霞杯。稽首再拜之，自愧非仙才。旷然小宇宙，弃世何悠哉。"

李白的旅行与创作，很好地验证了苏联著名教育家苏霍姆林斯基的观点："大自然的美使知觉更加敏锐，能唤醒创造性的思维。"

中国古代文人有远游的传统，欧洲也有着青年出游的文化。蒋勋在意大利佛罗伦萨认识一个14岁的英国小孩，他打扫了一个学期的厕所，存了钱就到欧洲大陆旅行。钱花完了，就去街上演奏苏格兰风笛，再继续下一段的旅行。充满走出去的勇气，不缺乏安全感，这是年轻人应有的生命力。生命力强，创造力就旺盛。

◎ 方法三：假装游戏

游戏是幼儿的主导活动，家长应该多给孩子留出游戏的时间。在游戏中，儿童从单纯模仿发展到创造，他们逐渐创造性地开展游戏情节，创造性地扮演游戏角色，创造性地制作游戏道具。

世界各国的儿童都经常会玩"假想同伴"的游戏，比如，对着一个看不见的小朋友说话，或者拿着一个棍子跟空气（想象出来的对手）打得不亦乐乎。耶鲁大学医学院的杰罗姆·辛格教授做过调查，大概65%的儿童有假想同伴。

家长不必为这种游戏感到担忧，能假想出朋友来，说明孩子的社交能力强，社会化程度高。因为在假装游戏里面，孩子不再是说自己的想法，而是要努力去想象，别人在这个情况下会怎么想、怎么说、怎么做，这能锻炼孩子的同理心。美国俄勒冈大学心理学系玛乔丽·泰勒教授研究发现，有假想同伴的儿童，虽然不比没有假想同伴的儿童更聪明，但更懂人心，也就是更善于猜测别人的心思、感受和行为。

家长还可以加入孩子的假装游戏。比如，问问孩子："咦？这是你的宝宝啊？她叫什么名字啊？那她应该叫我什么呢？她喜欢吃什么？你觉得她将来长大了会干什么？"有时候还可以问问孩子："咦？你的朋友呢？她今天怎么没来？你猜猜她现在如果在这儿，会干什么？"这样对孩子的假想同伴提出假想问题，可以加倍考验孩子的想象力。

假装游戏除了假想同伴，还有角色扮演，比如孩子们经常玩的过家家或假装打仗游戏。家长同样可以参与，扮演其中的一个角色，比如让孩子演父母或老师，家长演小朋友。现在青少年很流行角色扮演（Cosplay），这是很好的假装游戏，孩子如果想要打扮成女巫、精灵、鬼魂，或者超人、蜘蛛侠，父母应该多多支持。

◎ 方法四：艺术素养

美国小学里艺术类功课的设置，要比中国丰富得多，因为艺术熏陶是培养孩子想象力的重要手段。

艺术家达·芬奇也是优秀的发明家，他在1495年设计了一幅降落伞的草图，几百年后，法国科学家根据这幅草图，让达·芬奇的幻想变成了现实。由此可见，艺术培养的想象力与创造发明大有关联。

音乐会促使右脑的发育，而右脑发达的人往往具有非凡的创造力。例如，物理学家爱因斯坦、发明家爱迪生、艺术大师毕加索都是右脑发达型。另外音乐可以丰富一个人的精神世界，在优美的音乐声中，情绪兴奋愉快，这个时候，创造力就处于极佳状态。美国小学生到了三年级，人人都要选修一门乐器。到了初高中，这门乐器会跟着孩子们一起升学。

绘画也有利于培养创造力，因为绘画是一门关于联系的艺术。综合各个要素，就会创造出一个全新的整体，这就是绘画。这与"重新组合旧要素"的创造力显然是很相似的。

中国的绘画教育强调根据样本临摹，以逼真度分高下，其实不利于开发想象力。美国小学的老师，不会让全班学生都临摹同一只大熊猫，他们会鼓励学生自由想象。只要是用心设计的，都能拿到高分。孩子们的涂鸦，虽然稚嫩、拙朴，但他们每画出的一个形象，对他们来说，都是一种创造，应该大力鼓励。家长在给孩子报绘画班的时候，可以事先问清楚绘画老师注重的是临摹还是创意。

◎ 方法五：启发式提问

美国著名心理学家、诺贝尔经济学奖获得者丹尼尔·卡内曼和他的同事阿莫斯·特沃斯基于1982年提出的"反事实思维"，非常有助于开发孩子的想象力。它的意思是把现实中一个条件或者因素给替换掉，然后想象会发生什么。这个方法可以很好地锻炼创造力。

家长和老师可以平时问孩子一些反事实问题，比如说，如果人有3只眼睛会怎么样？如果猫比人聪明会怎么样？这些问题既保留了孩子熟悉的一些信息，比如眼睛、猫，又加入了新奇的信息。

有时候，孩子的答案会让家长自己都很意外。例如，北大的魏坤琳教授会问女儿："如果画纸会说话会怎么样？"她说："那我就会少发脾气了。"这个答案让他觉得很奇怪："为什么？"女儿说："我一发脾气，就会乱涂乱画。可是如果画纸会说话的话，它就会说：'不要画花我的脸！'那我就不敢再乱画了，所以我就只好少发脾气了。"这个因果推导显然很有创造力，大人们未必想得出来。

父母和老师还可以从时间维度，鼓励孩子对事物展开三方面的想象：

一是对过去的推断，已经发生的事情，如果本来不这样，会怎么样，比如，想象如果刚才出门我们没穿雨靴会怎样；

二是对现在的思考，如果现在不这样，有什么其他可能性，多问问孩子"这件事情除了这么做，还能怎么做"；

三是对未来的计划，如果未来是这样的，会怎么样，比如，去迪士尼乐园前，让孩子想象会在里面看到什么，或让孩子想象长大了要做什么，怎么做。

四、兴趣力：自由实践与迭代成长

孔子主张："知之者不如好之者，好之者不如乐之者。"意思是懂得它的人，不如爱好它的人；爱好它的人，又不如以它为乐的人。爱因斯坦是极好的例子，他认为自己有如今的成就是因为乐在其中。他说："并不是我很聪明，只是我和问题相处得比较久一点。"

吴军认识各行业的很多优秀人才，他发现，在几乎每一个行业中，最成功的那前5%的人，都是因为喜欢，是从兴趣出发。而从利益出发的人，只能做到行业的前20%到后5%之间的一个水平，并不是最好。维珍航空CEO理查德·布兰森有着相似的观点："创业的秘诀是什么？不能乐在其中，就别做。"

学业与事业的道理是相似的：没有兴趣只为升学利益的话，孩子会学得很"痛苦"；有了学习兴趣，孩子不会"痛苦"，并甘愿付出"辛苦"，学霸往往出自这类学生。

一个热爱学习的孩子是不需要家长操太多心的。比如，我的一个朋友，他的父母都是文盲，除了简单的加减法，在功课上帮不上什么忙。但父母会给他买连环画和小说，培养了他对阅读和学习新知识的强烈兴趣，他的学习成绩就一直不错，后来考上了中国排名前五的名牌大学。

在培养学习兴趣方面，古今中外有不少家教方法值得参考。

◎ 方法一：不说教

刚开始读书的时候，建立起对读书的美好印象是重要的。在每一个犹太人的家庭里，孩子出生后不久，母亲就会读《圣经》给他听。而每读一段后，就让孩子去舔一下蜂蜜。3～5岁的犹太孩童打开律法书的时候，父母亲会在书页上滴上蜂蜜，让孩子舔纸上的蜜。这些举动的用意是，通过味觉让孩子直观地感受到知识甜如蜜。犹太人的小学入学仪式同样把知识和甜食联系在一起。如果一个人从小就把读书识字看成快乐的事，长大了就可以快乐和自主地读书。

犹太人有句格言："这世上有3样东西是别人抢不走的：一是吃进胃里的食物，二是藏在心中的梦想，三是读进大脑的书。"犹太人家庭的孩子自古以来几乎都要回答这个问题："假如有一天你的房子被烧毁，你将带着什么东西逃命？"如果孩子回答是金钱或钻石，母亲会让孩子猜一个谜语："有一种没有形态、没有颜色、没有气味的宝贝，你知道是什么吗？"要是孩子回答不出来，母亲就会说："那是知识。知识是任何人或事都抢夺不走的。"比起简单的"知识很重要"这样的说教，这样的说理方式能给孩子留下更深刻的印象。

犹太式家教还有个大智慧，他们不会因为孩子犯错而进行处罚，反而趁机激发孩子的好奇心。例如，孩子不慎摔破杯子，犹太父母不会责骂孩子，反而问孩子为什么杯子不是往天上去，而是往地上掉。犹太父母把孩子的错误变成了一个解释万有引力的好机会，这个教育艺术值得中国家长们学习。

◎ 方法二：参加兴趣班

孩子有着与生俱来的探索精神和好奇心，他们通过翻石头、摘花朵、拆东西、敲敲打打、过家家等行为来理解世界。贪玩说明孩子对某件事情或某样东西充满热情，小时候被严格管束，完全不贪玩的人，长大以后就没有兴趣。芬兰的家长们都很重视孩子兴趣的培养，尽可能让孩子玩得开心。

芬兰权威媒体《赫尔辛基报》对2万名父母的调查报告中显示，61%的芬兰父母认为至少要培养孩子一种兴趣爱好。手工课、建筑班、游泳、骑马、曲棍球、地板球、童子军、滑雪、滑冰等各种兴趣班，在芬兰都广受欢迎。

芬兰家长希望孩子是"为兴趣而学"，而不像中国家长那样希望孩子"为才艺而学"。一位芬兰家长表示："如果兴趣班能让孩子更好地认识自己、了解自己，找到自己真正痴迷的地方，这会是孩子一生的内驱力。"

建筑学校校长碧荷拉·梅斯卡能（Pihla Meskanen）的成长经历是一个典型："我小时候学芭蕾、学画画，我从来没想到我会成为建筑师，结果我现在竟然从事建筑教育。生命中接触的所有事物，都会累积成我们想象不到的样子，每一步，都让孩子成为独特的自己，所以让孩子上兴趣班，只是多打开一扇窗，多提供孩子生命的养分、创造力的养分。"

◎ 方法三：提升自由度

自由思想是蒙台梭利教育体系所有内容的基础。这种思想建立在民主理论之上：只有当人能够获得最大限度的自由，而这种自由的获得又不得干扰他人的权利和自由时，人才能使自己发展到最高水平，培育出独特的个性，这对社会发展也是最有利的。

蒙台梭利认为，对儿童来讲，生命力表现为自发冲动，因此她把对儿童的自发冲动是压制还是合理利用作为区分好坏教育的分水岭，对旧学校压抑学生自发冲动的做法予以猛烈抨击。她说："在这样的学校里，儿童像被钉子固定的蝴蝶标本，每人被束缚在一个地方——桌子边，这对儿童的发展是不利的。在身体方面，会导致骨骼畸形；在心理方面，教师为了把零碎干瘪的知识塞进儿童的头脑，用奖励和惩罚诱逼儿童集中注意力和缄默不动。"

和普通幼儿园相比，蒙台梭利学校赋予孩子尽量多的行为自由：孩子们可以随意说话、随意走动；孩子们没有固定的座位和桌椅，可以随意坐在地板上；学校配有专门设计的蒙台梭利教具，供儿童进行感官练习，孩子们可以整天玩自己选择的教具，可以选择自己想干的事情，教师们不会干扰他们天生的个人喜好。

孩子们不能获得的自由是凌驾于集体利益之上，或者本身具有不正当性、攻击性的行为，比如，把书本扔在别人头上，或者坐在地板上点火。帮助孩子建立言行的界限，是让儿童自由、独立成长的最大保障，这样才可以建构儿童完全自律的品质和智能。

在不违背道德的前提下，尽可能给孩子自由。教师遵循这一理念，通过对孩子的自然倾向和本能的利用，使他们在自我控制和集体纪律方面取得一系列成就，并在无意之间、轻松的状态下学到无数的知识。

家长们也应该贯彻自由教育理念。例如，父母不要对孩子的阅读横加干涉，因为孩子的好奇心要比大人强得多，所以大人最重要的是别破坏孩子读书的能力。非让孩子读这本书，不让读那本书，这只会慢慢破坏孩子对知识的渴望。

◎ 方法四：迭代式学习

家长和教师对孩子的种种干涉，往往是希望通过自己的指导让孩子一次做到位，做到完美。但这个思路既不符合孩子通过试错来成长的规律，也不符合他们未来在工作中获得成功的规律。

互联网时代的一个核心方法论是从工业时代的顶层设计力求完美，变为多次迭代、持续改进来实现完美，不再追求一步到位做到最好。

吴军有个同事，是IT领域的老兵，先后在制造卫星的休斯电子公司和IBM公司工作过，后来到了互联网公司雅虎和谷歌。他既有早期IT企业的工作经验，又有互联网时代的体会。

传统意义上一个完整的创新过程，大致要经过调研规划、设计开发等诸多环节，待产品已经相对完善后再推向市场。这种模式自有其优势，但也存在周期长、速度慢、成功率低等缺点。他回忆道，无论是在休斯公司还是在IBM公司，都是严格遵循软件工程的规范来研发产品，在推出之前要尽可能地做到完美，因为一旦有了小毛病，损失非常大。每次推出产品之前的一段时间，所有的代码都要冻结，这样工作虽然稳妥，但是效率就堪忧了。

他到雅虎工作后发现每次时间一到，不管产品做到什么程度，工程师们就让它匆忙上线。他实在看不上下属们的工作方法，就给他们讲软件工程的规范。但部下告诉他，要是按照那些规范来，产品更新就根本不能赶上竞争对手的节奏。他发现在互联网时代，产品的召回成本其实不算太高，那些在工业时代的担心其实是没有必要的，因此他接受了部下们迭代式开发的工作方法。

迭代创新的内涵是基于用户反馈信息基础的升华、积累、总结，是从"好"迈向"更好"的螺旋式提升。他到谷歌工作以后，已经习惯于这种每一次做到更好，而不是最好的工作方式。在谷歌的各个产品中，有一个基础的服务会影响到所有这些产品的性能，这个服务会每星期更新一次，每一次虽然会事先规划好需要更新的全部功能，但是真到了升级前，总有个别功能不能如期交付，以至于它不完美。即便不完美，谷歌也不会等它完美之后再推出，因为永远没有完美的时候，将一个比原来更好一点的版本按时提供给用户，实现对市场的快速响应，比为了追求一个完美的版本最后什么都提供不了要好得多。

亚马逊也是如此工作。它的云计算平台 AWS 一开始仅提供计算、存储、网络等基础服务，随着用户需求日益多元化，亚马逊投入相当一部分精力进行迭代开发，仅在 2013 年，就开发出 280 个新功能，为用户提供了更智能的云计算服务。尽管不同用户源源不断地提出各种需求，但过不了多久，AWS 就可以实现满足这些需求的功能更新。如今最新一代的 AWS 产品已经能够满足大部分用户的需求，但亚马逊从未停止快速迭代的步伐。

吴军工作多年，他的体会是，很多时候一个更好的改进可以让我们获得两成收益，两次这样的改进就能获得四成，而我们自认为完美的最好的改进，不过是获得三成而已，因为随着我们认识的进步，我们发现过去所认为的完美其实并不完美。"2+2>3"的道理谁都懂，做事情不怕慢，就怕停滞。

每一次比先前更好，并做到持续不断地进步，这种迭代思维是我们的孩子将来富于创造力的工作方式，也应该是我们进行家庭教育的理念。儿童生下来就是为了学习的，而且他们拥有非常卓越的学习系统，不要求孩子一次做到最好，给孩子尽量多的行为自由，他们就会由自身的兴趣力驱动，一次次迭代，做得越来越好。

◎ 方法五：教、学、做一体

宋代思想家朱熹指出："行之力，则知愈进；知之深，则行愈达。"意思是越是努力实践，对知识或理念的掌握就越深入；对知识或理念的理解越深入，实践的时候就越顺利。

民国时期的教育家陶行知进一步指出，教、学和做是一件事，不是三件事。我们要在做上教，在做上学。不在做上用功夫，教就不成为教，学也不成为学。

现代教育专家有个普遍共识：孩子的学习尤其依赖实践，"玩中学，做中学"是最适合孩子的教育方式。孩子们都喜欢游戏，家长可以让孩子用"拼图""积木"等工具去学数学；或者跟孩子一起创造游戏故事、发挥语言能力；也可以给孩子玩音乐游戏，发掘音乐和身体的动觉智能；还可以引导孩子研究编程语言、创造更有趣的玩具或游戏……

心理学家武志红在举办守望者夏令营时经常听到家长说，孩子做事不主动，好像没什么优势，其实是家长没掌握方法。

比如，有一个家长觉得自己没什么艺术天赋，理所当然认为孩子也没有。但夏令营老师发现这孩子对拍照颇有兴趣，老师的办法不是测试他的艺术天赋，而是直接把相机交给孩子，让他在拍摄中自己学习。

这个孩子非常投入，经常把自己拍的照片给老师看，老师鼓励他继续尝试不同的场景、不同的拍摄方式，于是他就兴致勃勃地继续尝试。后来，夏令营老师冲洗了这些相片，开了个小型摄影展，看到的人都赞不绝口。

创造适合"发现"孩子兴趣的环境，鼓励孩子进行一次小小的尝试，给孩子提供"做中学，玩中学"的条件，家长就可以发现孩子身上一个个奇妙的"未知点"。

薛涌也举过一个孩子在实践中学习的案例。《圣经》中有个教诲："爱你的邻人。"那怎样让孩子爱自己的邻居呢？西方的万圣节有个重要的节目，天黑后孩子们会上门来要糖，邻居如果不给，孩子们就可以捉弄邻居。

2005 年，薛涌陪 5 岁的女儿出门过万圣节。女儿穿着粉色的衣裙，背上有一对翅膀，一副小天使的样子，自告奋勇地按了第一家的门铃。那扇门一打开，夫妇俩见了她就心花怒放地说："哎呀，我的小天使、小宝贝，你真漂亮、真可爱！"一边打招呼一边往薛涌女儿手中的篮子里倒巧克力。一个盲人邻居也热情招待了她，夸她的声音像个天使。他的女儿受到一户户人家的欢迎,情绪越来越高涨,就越来越不腼腆了。那天晚上她觉得自己是全世界最得宠的人。孩子对社区和邻居们的热爱就在这次快乐的实践中建立起来了。

◎ 方法六:引导孩子定志业

梁启超是晚清维新变法的领袖之一,中国近现代杰出的思想家、政治家、教育家、史学家、文学家,同时还是近现代史上最成功的父亲。

梁启超有3个儿子成为院士。长子梁思成,是著名的建筑学家;次子梁思永,是著名的考古学家;幼子梁思礼,是火箭系统控制专家。

他的其余6个子女也个个优秀。长女梁思顺,是诗词研究专家,精通日语;次女梁思庄,曾就读于美国哥伦比亚大学,是著名的图书馆学家;三子梁思忠毕业于美国西点军校,曾任炮兵上校,参与了淞沪会战;四子梁思达是经济学家;三女梁思懿是社会活动家,曾任中国红十字会对外联络部主任;四女梁思宁,早年就读于南开大学,后参加新四军。

在学业、事业的选择上,学识渊博的梁启超会认真给出自己的建议,但会把决定权交给子女。比如,梁思成主修建筑史,梁启超深知这个专业找工作不易,但依然全力支持儿子的学业。

梁启超曾在信中给梁思庄关于选专业的问题提出建议:"你们弟兄姊妹,到今还没有一个学自然科学,很是我们家里的憾事,不知道你性情到底近这方面不?我很想你以生物学为主科,因为它是现代最进步的自然科学……"但梁思庄尝试之后,觉得兴趣不大。梁启超得知后马上给他写信:"凡学问最好是因自己性之所近,我很怕因为我的话扰乱了你治学之路,所以赶紧寄这封信。"最终,梁思庄根据自己的兴趣读了哥伦比亚大学的图书馆专业,成为著名的图书馆学家。

在学业、事业方向上,即使自己再有智慧,也坚决尊重子女的不同志趣,这是梁启超子女个个优秀的一大关键。他的这个家教智慧沿袭着一个重要的文化传统。

孔子有句名言:"三军可夺帅也,匹夫不可夺其志也。"立志在儒家的人才学说中是个重要命题。清代大儒曾国藩在写给弟弟们的信中,提到读书之道时说"盖世人读书,第一要有志",也认为最重要的是立志。明代大儒王阳明提出"志不立,天下无可成之事"。王阳明认为,就算是工匠技能的练成也要以立志为根本,更别说更大的事业。一个人如果没有志向,就好像船没有舵木、马没有衔环,于是只能随波逐流,人生就会如一盘散沙。王阳明认为当时的读书人——懒散堕落、贪玩成性,荒废学业、浪费时日,最终注定一事无成。而他们之所以如此,就是因为没有立定志向。

而立志,必须是由自身完成的,这也是梁启超绝对尊重孩子决定权的原因。

斯坦福大学的威廉·戴蒙教授,是当今世界研究青少年发展和品格教育杰出的学者之一。他通过长期研究发现,优秀的、真正有创新潜力的学生,学习动机往往不是由阶段性的外在目标驱动的,而是由内在目的驱动的。

最典型的阶段性目标,就是为了上好大学而努力考上好中学,从小学甚至幼儿园就努力进行应试教育,"小升初"的疯狂竞争让很多孩子不堪重负。阶段性目标的最大问题是找到好工作,也就是实现最终目标之后，就失去了继续学习的动力，然后逐步进入平庸化阶段，容易出现无聊感，容易发生中年危机。这相当于在人生长跑中，前半段全力以赴，后半段平平淡淡。

阶段性目标（target）外在驱动的学习叫"要我学习"，内在目的（purpose）驱动的学习叫"我要学习"。威廉·戴蒙教授提出："现代教育出现了一个很严重的缺失，就是我们越来越忽视purpose，而越来越用具体的target去驱动我们的学习，因此这一代年轻人普遍面临漂浮不安、不想做任何承诺的现象，他们缺乏的是动机的来源，是目的感。"动机是很重要的学习要素，但大部分成人谈论的动机，通常是通过考试、考上某所大学等短期动机。但是研究显示，如果没有更大的"目的"（purpose）存在，短期目标和动机通常会徒劳无功，而且很快就会在毫无方向的活动中消耗殆尽。

牛顿试图用数学解释整个世界运动的原因；达尔文想要在纷繁复杂的动植物中找到共通的特征；周恩来立志为中华之崛起而读书；谷歌公司成立了一个X实验室（X-lab），谷歌创始人对其的唯一要求是，解决10亿人以上的问题。这些例子都体现了威廉·戴蒙教授所说的purpose。

Facebook创始人扎克伯格有个最喜欢的故事。肯尼迪访问美国宇航局太空中心时，看到了一个拿着扫帚的看门人。于是他走过去问这人在干什么。看门人回答说："总统先生，我正在帮助把一个人送往月球。"组织中最平凡的成员，也可以有purpose。

戴蒙教授认为，purpose（内在动机／长远目标）是由三部分组成的。

第一，你最感兴趣的是什么？你做什么最享受？什么是即使没有得到回报、不能马上得到回报，你还乐此不疲的那个东西？

第二，你擅长的是什么？

第三，这个世界需要的是什么，即你做什么事情能够帮到别人、帮到世界？

最感兴趣的是什么、最擅长的是什么、这个世界最需要的是什么，这3个圆重叠的那个部分，就是purpose。在青少年阶段发展出自己的purpose，可能得花上几年时间，因为他们需要时间去尝试、去体会不同的事物。父母可以做的，就是跟孩子展开对话，刺激他们去思考。

一旦孩子提出一个小小的开始，父母要尽力提供足够的资源去帮助他继续发展，并让他们了解，承担任何一种任务时，都不要半途而废，即使那件事很微小。例如，孩子该照顾自己的宠物狗，但是朋友有新玩具想去一起玩，父母要告诉他："照顾小狗是你的第一任务，做完了仍旧可以跟朋友出去玩，这是你的责任。"要让孩子看到不负责任的后果，如养一盆植物不浇水就会干枯。逐渐培养孩子勇于做出承诺和负起责任的品质。

威廉·戴蒙表示，purpose是一种遥远的长期目标，是一个你想去的方向，你的一生想往哪里去？你想成为怎样的一个人？purpose必须是个有意义的、长期的、对这个世界或其他人有帮助的目标。有purpose，你会开始安排各种阶段性目标，让自己一步步到达那个purpose。有purpose的人有着终生学习的真正动力。

purpose类似于德国社会学家马克斯·韦伯提出的一个概念——"志业"，职业是一份工作，"志业"就是志向和使命之所在，一辈子要为之而努力、而奋斗的那样一种事业。今天的教育目标，要把孩子定位于一个有志业的人，而不是一个有职业的人。

五、批判思维：心智成熟的关键一步

如果孩子具有批判思维，那他（她）对于接触到的任何观点，第一反应会是，"这个观点有什么支撑""这样的支撑是否合理"。但在中国的家庭教育和学校教育体系中，孩子们普遍缺乏这种把课本、名著和长辈放在和自己平等的位置上，与之对话的能力。

教育家杜威曾指出教育的本质："教育，即是教人思考。"接下来我们来看看德国人、犹太人、中国人这些智慧民族有哪些教人思考的好方法。

◎ 方法一：要启发，不填鸭

培养批判思维的前提是让孩子养成独立思考的习惯。

孔子有个著名的教育原则，注重的就是让学生独立思考："不愤不启，不悱不发，举一隅不以三隅反，则不复也。"意思是教学过程中，不到学生努力想弄明白但仍然想不透的程度，先不要去开导他；不到学生想说出来却又不能完善表达的程度时，也不要去启发他。教给学生东方的概念，他却不能举一反三，推断西方、南方和北方，那就不再教他了。

现在的学校教育刚好跟孔子的方式相反，导致现在的学生普遍缺乏独立思考能力。学校普遍在初一、初二就要教完初中三年内容，以便留出初三一年时间专门复习来应对中考，高中教学同样如此。这意味着学校的教学进度安排非常紧，老师们往往等不及学生独立思考和自主表达，就说出了标准答案。学生获得答案时就不会有"众里寻他千百度，蓦然回首，那人却在，灯火阑珊处"的期盼、惊喜和成就感。时间长了，学生们的思考冲动就逐渐淡漠了，就习惯于等着老师给出答案了。

家长们在教孩子的时候不能再犯学校的错误。明末清初的大思想家王夫之曾告诫教育者，如果喋喋不休地灌输知识，那么这种教育必然是徒劳无益的。

家长在讲授知识时先开个头不要全盘托出，让孩子处于积极、活跃的思维状态；在孩子渴望解除疑惑，心理上处于紧张的期望和准备状态时，再给予启发讲解，才能恰到好处，卓有成效。

◎ 方法二：多讨论，要平等

家长给孩子读故事，主要意义并不是多认识一些字，而是和孩子一起谈话、讨论。宝宝你觉得这个故事怎么样？如果你是故事中的孩子你会怎么做？父母要鼓励孩子问问题，鼓励孩子表达自己的主张，发表自己的意见，并帮助孩子把自己的想法表达清楚。英国知名数学家和哲学家怀特海曾说："一个愚笨的问题是另一个新的发展的开始。"愚笨的问题常常是启发创意的起点。因此不要说孩子的问题太傻，这会让孩子不敢提问。这样陪孩子精读一本书，对孩子的心智成长大有好处。

现在不少父母迷信给孩子买电子读物，因为电子产品看起来非常高端。比如，屏幕上有个猴子的图像，孩子按一下，有关的中英文单词就会跳出来，还有生动的解释。阅读过程中还穿插着学习性的小游戏，来强化阅读效果。但教育专家们指出，电子读物有个根本的缺陷，那就是丧失了孩子和父母的沟通、讨论。

十几年前，迪斯尼公司发行了一款名为《婴儿爱因斯坦》的早期智力开发影像产品，在美国特别火爆。但专家的研究揭示，这一产品的使用，对婴儿的语言能力发展有着负面的影响。最终迪斯尼公司决定给购买这一产品的用户退款。在智能手机和平板电脑广泛应用的今天，完全屏蔽电子阅读不太现实。但父母一定要意识到亲自陪伴孩子阅读，一起讨论问题的重要性。

建立和孩子讨论的习惯，意味着要倾听孩子的话语，尊重孩子的发言权。

赵丽荣在《德国妈妈这样教自律》这本书里讲了一件亲眼所见的新鲜事。一个12岁的男孩离家出走，被警察找到后不愿意回家，还要告父母。因为他觉得自己在家没人权，他的父母不愿意听他说话，总是习惯性地说："大人有事，小孩子别捣乱！"之后，警察竟然以这个理由把孩子的父母叫到警察局"拘留"了一天，让他们深刻反省自己的行为，这样孩子才跟他们回家了。而孩子的邻居们竟然都非常支持警察的做法，因为这个孩子的父母确实严重违背了德国的家庭教育原则。

在孩子说话时，德国父母不会不耐烦地打断，而是安静地听完，再提出建议。对孩子说话时，他们通常会半蹲下来，眼睛对视，而不是站着或躺着。晚餐是很好的亲子交流时间，父母和孩子会把一天的所见所闻讲给彼此听，以增进感情。

等孩子长大一点，习惯于和父母对话的孩子可能会经常和父母顶嘴。在传统中国，跟父母顶嘴是很不礼貌的行为。而在德国，家长都认为孩子顶嘴是一件好事，这表明他的独立思考能力正在提高，也就是说他在长大。

一位德国妈妈说："顶嘴是孩子走向成人的重要一步，所以我们鼓励孩子与我们争辩，发表自己的意见和看法。"这个观念的本质是，德国家长认为孩子和父母是平等的，就像妈妈和爸爸会争辩一样，子女和父母争辩也没什么大不了的。即便父母是为了孩子好，真理越辩越明，争辩也有利于让孩子知道父母是为了他好。

在教育中，孩子是非常弱势的，愿意顺从和相信，家长和老师要慎用自己的权威说服孩子。麻省理工博士妈妈郑腾飞的方法值得参考。她在问孩子一些"是不是"的问题时，发现他们大多数都会不假思索地回答"是"，于是她会故意说错，让孩子意识到大人也有不对的时候，并且明确地告诉孩子，"听话"或"乖"不一定就好。破除对权威的迷信，非常有利于孩子养成批判性思维。

◎ 方法三：逻辑训练

今天的很多职场人，哪怕是名校毕业生，讲话和做报告时往往缺乏条理和逻辑：要么只有信息描述，没有提出观点；要么有观点有依据，但二者之间没有论证关系；要么只讲观点，不给事实依据。这个问题的根源在于从小缺乏逻辑训练，对自身观点的漏洞没有觉察力。

犹太民族重视阅读经典和提问、辩论，这种教育在孩子还小的时候就会开展。师长会提出一个问题，然后问"谁同意这个观点，谁反对这个观点"，同意观点的孩子要列出一二三，反对观点的孩子要反驳一二三，然后，支持观点的一方再对反驳一一给出回复。这样的辩论形式能够避免自说自话，不理会对方的观点和意见。必须研究对方的观点，使得彼此的意见能够发生交叉和碰撞，从而产生新知。这是对逻辑能力（批判性思维）极好的训练。

美国教师在小学高年级阶段，就开始讲科学方法是什么。美国小学生能够学到，科学方法的第一步是提出问题和假设，第二步是根据提出的问题去找资料、数据，第三步是做分析、检验假设的真伪，第四步是根据分析检验的结果做出解释，如果结论是证伪了当初的假设，那么，为什么错了？如果是验证了当初的假设，又是为什么？第五步就是写报告或者文章。这样的逻辑训练在他们长大工作后依然非常有用——市场营销专家、大学教授用的也是这套方法。

在家庭中如何开展逻辑训练呢？面对一些现象，家长可以多问问这些问题：A是导致B发生的原因吗？ A是唯一的原因吗？ B的发生还需要其他条件吗？ A还会导致其他结果吗？这样的提问，能让孩子通过思考得到逻辑上的启蒙，提升思维的深度和广度。

孩子往往会提出很多问题，很多时候父母也不知道答案，这时可以用问题回答孩子的问题，引导孩子自己找到答案，或者与孩子一起寻找答案。父母可以问事实：你观察的事是真的吗？你听到的是所有的事实吗？可以问原因：为什么会这样？还可以问可能：这件事还会有其他可能性吗？这样的反问对锻炼孩子的逻辑能力很有好处。

在学校教育中，教师们可以把批判性思维的教育融合到学科教学中，具体可以参考罗伯特·恩尼斯提出的三个基本原则：反思、理由和替代。反思是指学生对理论和知识要先思考它是否有根据，再确定是否接受；理由是指要看看依据是否可靠充分；替代就是寻找不同的观念、思路、解释、论证。

◎ 方法四：逆向思维

硅谷创投教父、PayPal创始人彼得·蒂尔以一部《从0到1》享誉全球，他特别强调"逆向思维"在创办新企业中的重要性。例如，当别人都在讨论技术问题时，他就要提出商业模式问题；而当别人都在商业模式上纠缠的时候，他更多思考技术的可行性。这种批判性思维帮助他成功投资了不少著名的企业。

道家的辩证法认为，万事万物都有其两面性，因此凡事都要进行逆向思考。

我们会习惯性地认为，强大的一定胜过弱小，但老子提醒大家，柔弱胜刚强也是常见现象，比如牙齿比舌头硬、男人比女人强、聪明人比普通人更能干，结果却是牙齿比柔软的舌头先脱落、女人往往比好斗的男人更长寿、聪明人往往比普通人更容易过劳死。强者的生存能力有可能不如弱者，这是事物两面性的典型案例。

再比如，庄子多次批评儒家大力宣传倡导仁义思想，因为这会引发人们对仁义道德的外在模仿和标榜利用，使得伪君子泛滥成灾。例如，春秋战国时代统治者一方面大谈仁义，一方面又频频发动杀戮和战争；西汉末年的王莽，出身权倾朝野的大家族，却生活俭朴清净，为人谦恭仁义，礼贤下士，经常接济穷人，对养母也非常孝顺，堪称汉朝的"全国道德模范""感动中国十大人物"，靠着一次次刷出来的好名声，王莽的地位越来越高，权力越来越大，最后欺负孤儿寡母，篡位夺取了汉朝的江山，仁义道德就这样沦为窃国大盗的护身符。

在工作中，凡事都要想想它的反面，是因为世界上没有绝对正确的道理，"对立即互补"。例如，华为强调"让听得见炮声的人指挥战斗"，这是为了让了解实际情况的一线人员更好地服务客户；同时这句话的反面也是对的："底层学习攻略，中层研究战术，高层选择战略"，一线员工就要老老实实干活，让高层来指挥，因为基层人员往往没有足够的思辨能力、决策能力，没有支撑他做决策的思维框架和判断标准。

马云是典型的逆向思考者。当别人都看到正面的时候，马云会想想这件事的反面；当大家都看到反面的时候，马云偏要说说事情的正面。所以他说的话常常让人耳目一新、醍醐灌顶。

父母可以有意识地培养孩子的逆向思维，多讲讲逆向思维的故事是个好办法。孩子听过故事之后，父母要分析其中的内涵，帮助孩子理解。例如，在司马光砸缸的故事中，有人落水，常规的思维模式是"救人离水"，而司马光面对紧急险情，运用了逆向思维，果断地用石头把缸砸破，"让水离人"。

一位母亲有两个儿子，大儿子开染布作坊，小儿子做雨伞生意。雨天时，她怕大儿子染的布没法晒干；晴天时，她怕小儿子做的伞没有人买。一位邻居开导她说："雨天，你小儿子的伞生意做得红火；晴天，你大儿子染的布很快就能晒干。"逆向思维使她豁然开朗。

有个富人，每次出门都担心家中被盗。本来可以买只狼狗护院，但他又不想雇人喂狗浪费钱。最终他想出一个妙计：每次出门前把 Wi-Fi 修改成无密码，回来时他总能看到一群人捧着手机蹲在自家门口蹭 Wi-Fi，从此高枕无忧。通过吸引很多人来，让小偷不敢来，这是典型的逆向思维。

类似上面这样的故事，家长们可以多准备一些，并和孩子讨论，怎么把逆向思维运用在自己的生活中。

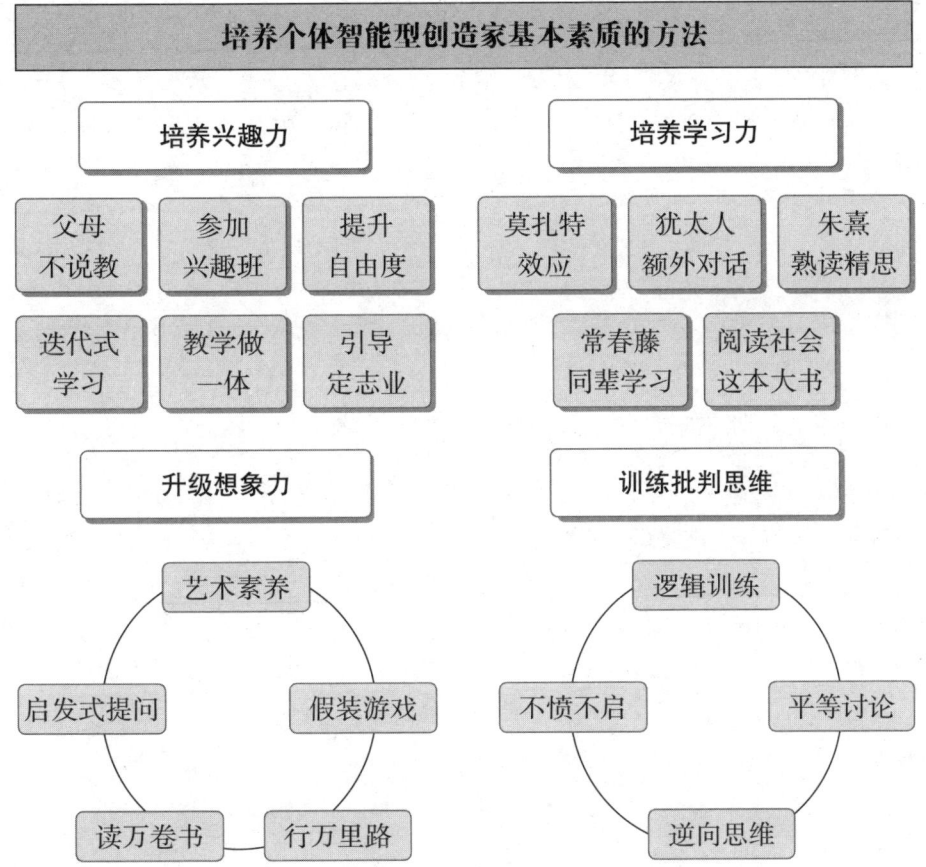

PART ·2·

培养团体
智能型创造家

一、团体智能型创造家：组织人才共同创造

◎ 企业领袖任正非的创新故事

2019 年美国对华为全力打压，华为反倒愈战愈勇，截至 2019 年第三季度，实现销售收入 6108 亿元，同比增长 24.4%。华为的表现赢得了全国乃至全球的敬佩。

在高压之下生存与发展，是华为创始人任正非 70 多年来的日常。

他成长于贫寒之家："我们兄妹 7 个，加上父母共 9 人。全靠父母微薄的工资来生活，毫无其他来源。我经常看到妈妈月底就到处向人借 3 ~ 5 元度饥荒，而且常常走了几家都未必借到。我上大学时妈妈一次送我两件衬衣，我真想哭，因为，我有了，弟妹们就会更难了。我们家放粮食的柜子一直是敞开的，父母给予我们极大的信任，但是我从来没有偷偷从里面抓粮食吃，如果当时我偷吃了，弟弟妹妹可能有人会饿死。"

父亲曾对任正非说过一句话："记住知识就是力量，别人不学，你要学，不要随大流。"以坚强意志拼命学习是任正非唯一的救赎之道。

大学期间，他不仅把电子计算机、数字技术、自动控制等专业技术

自学完,还把樊映川的高等数学习题集从头到尾做了两遍,接着学习了许多逻辑、哲学。他自学了 3 门外语,当时已到可以阅读大学课本的程度。

任正非有过多年军旅生涯,他拼命工作,迎难而上,创造了多项发明,先后担任技术员、工程师、副所长(技术副团级)。因在工程建设中的贡献,1977 年,任正非作为基建工程兵的代表,受到党和国家最高领导人的接见;1978 年,任正非出席了全国科学大会;1982 年,任正非参加了中共第十二次全国代表大会。

1987 年,43 岁的任正非在经营中被骗了 200 万元,被国企南油集团除名,他请求留任遭到拒绝,还背负 200 万元债务。妻子无情地离他而去,他一个人带着老爹老娘、弟弟妹妹在深圳住棚屋,筹集 2 万元创立了华为公司。43 岁创业的任正非,没有资本、没有人脉、没有资源、没有技术、没有市场经验,他唯一拥有的是艰苦奋斗的强大意志。

20 多年后,华为成为全球第一电信设备商、世界 500 强企业。他说:"华为二十几年的炼狱,只有我们自己及家人才能体会。这不是每周工作 40 小时能完成的,我记得华为初创时期,我每天工作 16 小时以上,自己没有房子,吃住都在办公室,从来没有节假日、周末……"

企业家不仅自己要艰苦奋斗,还要团结众人一起奋斗。任正非创业多年后,有个重要感悟:"一个人不管如何努力,永远也赶不上时代的步伐,更何况知识爆炸的时代。只有组织起数十人、数百人、数千人一同奋斗,你站在这上面,才摸得到时代的脚。我转而去创建华为时,不再是自己去做专家,而是做组织者。在时代前面,我越来越不懂技术、越来越不懂财务、半懂不懂管理,如果不能民主地善待团体,充分发挥各路英雄的作用，我将一事无成。"

任正非始终坚持与员工同甘共苦，70多岁依然如此。2017年，在与尼泊尔代表处的座谈中，任正非向员工承诺："只要我还飞得动，就会到艰苦地区来看你们，到战乱、瘟疫……地区来陪你们。我若贪生怕死，何来让你们去英勇奋斗。在阿富汗战乱时，我去看望过员工……利比亚开战前两天，我在利比亚，我飞到伊拉克时，利比亚就开战了。"

华为人长期坚持艰苦奋斗，收获了发明创造的不断涌现。

在引发美国忌惮的5G领域，华为包揽了行业关键奖项：5G演进杰出贡献奖、最佳基础设施奖、5G研发杰出贡献奖、世界互联网领先科技成果奖、最佳行业解决方案奖。

关于华为5G的技术优势，任正非做过系统表述：

"华为的5G基站只有一点点大，20千克，就像装文件的手提箱那么大，不需要铁塔了，可以随意地装在杆子上、挂在墙上；我们还有耐腐蚀材料，几十年不会腐蚀，以后5G基站甚至装在下水道里，这是非常适合人类需求的。这样的基站对欧洲最适合，欧洲有非常老的城区，不能像中国、美国这样安装大铁塔（当然中国的大铁塔也不浪费，可以把5G基站挂在上面，但是不需要新建铁塔了）。如果到处建大铁塔，要花很多钱，施工时需要大吊车才能吊上去安装。不仅是铁塔，以前的基站大，需要吊车，把吊车开进去还需要封路。现在5G基站我们用人手提就上去了，因此很简单。在欧洲，我们一个基站的工程交付费用可以降低1万欧元，而且维护也非常简单。"

华为的5G通信设备不仅适合欧洲，也适合美国市场，任正非介绍道："将来我们有一种新的设备是非常适合美国的，比如说，5G是全世界我们做得最好,微波全世界我们做得最好,我们的微波是毫米波,天线也只有盘子这么大,两个设备合在一起,就会对美国别墅区提供超宽带的服务。微波能传 100G,5G 基站能传 10G,它们叠在一起,就对美国的别墅区提供超宽带服务。"

是什么成就了华为领先世界的创造力和竞争力?

任正非总结说,自己是"提了桶糨糊,把 15 万人粘在一起,力出一孔、利出一孔,才有今天华为这么强大"。

任正非团结众人,一起创造,可以被称为团体智能型创造家。不直接搞发明的企业家也是创造家吗?

法国经济学家萨伊对企业家有个经典定义:"企业家是敢于承担风险和责任,开创并领导了一项事业的人。"管理学大师德鲁克认为,企业家只有两个基本职能——创新和营销。显然萨伊和德鲁克都认为企业家有着创造、创新的本质,我称之为团体智能型创造家。

从人类的创造历程来看,团体智能型创造家是进入 20 世纪才大量出现的。根据管理学家德鲁克的研究,在 1900 年,人类社会的大型组织除了政府和军队,并没有大型的企业和科研机构。经过 20 世纪的长期发展,发达国家和新兴国家才普遍进入了员工型社会,人们见面会互相问:"你在哪里工作?"在大型组织,管理是不可或缺的,社会要依靠这些管理者的知识、愿景和责任心。团体智能型创造家是在这个时代大背景下出现的。

随着各学科出现越来越多的专业分支,在传统的依赖个体智能的科研领域,也越来越依靠团队合作。2015 年,诺贝尔医学奖得主、中国科学家屠呦呦在瑞典发表主题演讲,她多次提及团队合作精神,指出如果没有相互之间无私合作的团队精神，就不可能在短期内将青蒿素贡献给世界。

被誉为"当代后稷"和"中国小麦远缘杂交之父"的李振声院士，在《人民日报》刊文指出，大协作是现代农业科学研究的显著特征之一，单凭几个实验室和数量有限的科研人员，要想在农业科学研究领域取得重大突破，已经十分困难了，大协作才有大突破。

美国科学史研究者朱克曼在对诺贝尔奖获得者的研究方式进行调查时发现，在诺贝尔奖设立的头25年，合作研究获奖人数占41%；在第二个25年，这一比例上升到65%；而在第三个25年，这一比例更高达75%。当今几乎没有论文不是合作的成果，就连大众普遍认为一个人就足够了的数学科研也有许多是合作的，更不用说物理、化学和生物医药了。

总之，科研团队的组织者、领头人，也是团体智能型创造家。

团体智能型创造家的关键素质不是专业技术水平，因为他们的主要工作是组织人才共同创造。例如，互联网行业领袖马云连最基本的办公软件操作都不太熟练，他经常自嘲："我对电脑不懂，到现在为止只会做两件事——收发电子邮件和浏览网页。"万科创始人王石曾问过马云："你不懂技术，你怎么去管理互联网公司？"结果，马云立马反问道："你是房地产公司老板，那么你会造房子？"

个体智能型创造家擅长开发物的潜能，团体智能型创造家擅长开发人的潜能。吴晓波写《腾讯传》最大的感慨是，过去20年影响腾讯命运的产品——QQ、QQ空间、微信，没有一个是决策者的创意，都是决策者充分发挥员工潜能的结果。

◎ 团体智能型创造家的领导力：方向感和驱动力

IBM 前 CEO 郭士纳认为，"领导力"包含两方面：方向感和驱动力。《水浒传》里宋江有两个外号——"北斗星"和"及时雨"，正好与领导力的两方面相对应：北斗星指引方向，让大家做正确的事；及时雨比喻提供资源和激励，驱动大家向目标前进。

我们来看华为和阿里的领导力案例。

华为内部的很多管理变革，如 IPD（集成产品开发）、ISC（集成供应链）、IFS（集成财务服务）、CRM（顾客关系管理）等都是郭平、胡厚崑等高管负责的，任正非都没有具体参与。但在重大战略机会方面，如管道战略、终端品牌战略，任正非经常发表重要讲话，这是为什么呢？

有一次中银董事长肖钢到华为访问，和任正非会谈，任正非旁边坐着轮值 CEO 徐直军。徐直军对肖钢说："老板懂什么管理？我们的 IPD 变革，他就知道那 3 个英文字母。"肖钢带来的一批干部很吃惊，你怎么这样说老板？任正非却认为徐直军这样说没毛病："本来就是这样，那也不是我要做的事情啊。我主要关注的是方向要正确，所以我不是要做很多事。"可见任正非是为公司指明方向的"北斗星"。

马云在第五届阿里巴巴技术论坛（ATF）上表示，现在有一种说法，说马云不如腾讯与百度的 CEO 那么懂技术，就认为阿里的技术最差！但正因为不懂技术，所以阿里的技术才是最好，因为自己对技术人员很敬仰、尊重和热爱技术，在做决策时，只是大胆地说"就应该这么做"。马云在技术领域的真正优势，是他能提供强大的驱动力。

马云和任正非并不是特例，美国同样有类似的科技企业家。王煜全对美国创业趋势有着深入观察，他发现：科学家擅长科研，把科研转化为产品需要的是研发管理，这和科学家的专长并不一致，因此在一个科技创新企业中，具有企业家精神的负责管理的 CEO 才是最重要的。

非营利机构的领导者，也可以成为团体智能型创造家。例如，MIT（麻省理工学院）研发了很多厉害的科技，孵化了很多前沿的科技企业。MIT 机械工程系的系主任陈刚教授介绍了 MIT 的成功之道："在 MIT，校长和系主任的职责是要了解科研的发展趋势，找到下一个科技突破可能出现的领域，并创造一个好的环境，吸引那些有可能做出突破的年轻人，也就是未来有可能得诺贝尔奖的人。在这个环境里，支持他做出伟大的科学突破，把他培养成诺贝尔奖得主。正是这种机制，才能让科学突破持续从这里产生。"

MIT 校长和系主任的领导力，与马云、任正非没什么本质差别，同样可以归结为方向感（找到下一个科技突破可能出现的领域）和驱动力（培养和支持年轻人做出伟大的科学突破）。

再来谈谈我自己经营企业的一点切身体会。我和我的团队这几年除了做好儿童机器人教学，还持续不断地投入线上编程产品和智能硬件产品的研发，因为我把它当成一个长远的事业。战略方向定下来之后，怎么驱动创业伙伴一起去达成这个战略？很简单，作为领头人，我钱拿得更少，我给伙伴的，比给自己的多，这样大家就比较服气。

总之，"方向感"和"驱动力"构成个体智能型创造家的领导力。我认为其素质模型是：系统思维 × 分享力 × 表达力 × 意志力 × 自省力。

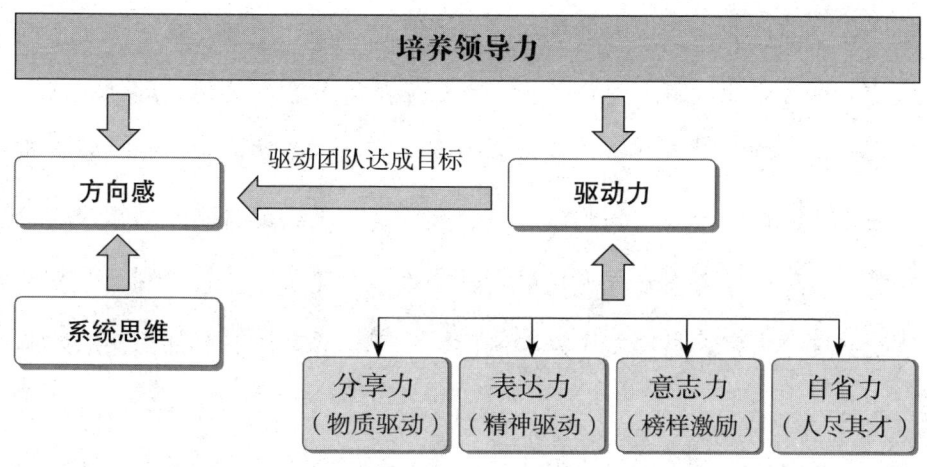

◎ 团体智能型创造家素质之一：系统思维

团体智能型创造家首先要有很好的方向感，而他们判断方向需要具备系统思维。

组织是一个系统，包含了很多要素，比如人才的选育用留、权责利机制、企业文化、商业模式、现金流等，这些要素之间相互影响，每个要素的变化都会影响到其他要素的变化，牵一发而动全身。一流的企业家能在实践中领悟到如果想要解决某一个问题，就单兵冒进，这个问题看似得到了解决，但实际上系统的其他环节可能就全乱了。因此经营企业必须学会系统思考，不遗漏每个要素，同时能抓住关键要素；还要注意要素之间的关系，合理安排推进的节奏。

企业家的系统思维意味着首先要考虑到时代因素，如在 2 亿 80 后的结婚高峰期、城市化快速推进期做房地产生意，比较容易做大，这是 2002—2012 年中国出现一大批房地产富豪的原因；其次要考虑行业发展规律，如果在互联网领域创业，发展速度至关重要，因为这是个"快鱼吃慢鱼"的行业，先做大的项目赢家通吃，美团、滴滴、摩拜确立赢家地位之后，创业者就不要再冲进去了；接下来要考虑公司治理，股东之间的利益关系，董事会对管理层的权责利设计等，例如公司要是只有两个股东，股权对半分，公司没有核心领导，在做决策时就容易频繁陷入争吵；最后还要考虑建立大量的管理制度，如完善资金管理制度、奖金激励制度、大宗原材料集中采购制度、员工培养制度、跨部门沟通协调机制等。

管理学家彼得·圣吉认为："所谓系统思考就是看见整体的修炼，让我们看见相互关联而不是单一的事件，看见变化的形态，而不是转瞬即逝的一幕。"以很多企业家都要做的投资决策为例，哪怕股神巴菲特也曾因为对变化的关注不足，而错失重大机会。

2017年，巴菲特在其股东大会上盛赞亚马逊，承认没有购买亚马逊是个愚蠢的错误。1997年亚马逊的收入只有几亿美元，而且有着巨额亏损，竞争者众多；20年后，其市值已经突破5000亿美元。巴菲特的失误源于他不了解科技对产业变革的冲击作用，一定会有电商公司改变零售业的格局，而他对电商行业没有做任何投资。巴菲特一直以来关心的是相对静态的价值，而没有考虑成长性，这在跨国企业持续垄断各行业的时代是可行的，但在科技越来越多地带来颠覆性创新的时代就不再适合了。

◎ 团体智能型创造家素质之二：分享力

团体智能型创造家驱动他人的首要素质是分享力，包括金钱的分享、权力的分享和能力（知识与经验）的分享。企业成员之间能不能成为一个共同体，主要看怎么分利，只有当企业是为大多数人谋利时，才能让全体员工同心同德，按照共同目标合作起来。

从20世纪90年代初开始，任正非逐步把员工的薪水提高到了外企的水平，一段时间内，同等职位的薪水甚至比外资企业还要高——从1000元到5000元，薪水落差高达5倍，华为由此吸引了巨大的人才洪流。以中国理工科大学毕业、家境比较贫寒的学子为主的人才队伍，攻克了无数的技术瓶颈、市场难关。从北电到朗讯，从西门子到诺基亚，这些当年在中国不可一世的跨国电信企业，都成为这支铁军的手下败将。

美的集团是中国乃至全世界最大的家电企业，美的创始人何享健特别重视通过分利来调动人才的积极性。华夏基石曾为美的提供过多年的管理咨询服务，其组织管理专家张百舸回忆说："美的地处广东偏远的北滘镇，却能够吸引来自全国各地甚至国际化的人才，原因之一就是美的职业经理人的薪酬待遇颇具市场竞争力。当时印象最深的是美的很多中高层干部住着别墅、开着豪车，令人羡慕。"美的职业经理人方洪波坦称：美的管理人员工资全面对接北上广，2014年大学毕业生到手平均月工资4700元，中层管理人员工资已经高过日本，高级人才的收入水平跟美国接轨。这反映出何享健利益分享的人才理念，即愿意和高价值人才共同分享企业收益。何享健曾表示："我不担心这些职业经理人拿多了，我反而担心他们拿少了！拿多了，说明他们创造得多；拿少了，说明他们创造得少。"

何享健的老乡碧桂园集团创始人杨国强同样走上了"财散人聚"的道路。2013年，杨国强和平安保险创始人马明哲打高尔球时问："你管理平安万亿资产，有什么秘方？"马明哲说："我能有什么秘方，就是用优秀的人，我这有很多年薪千万的人。"回去后，杨国强对时任碧桂园人力资源总经理彭志斌说："给你30个亿，你去给我找300个人来。"

从中建五局总经理莫斌开始，截至2016年年底，碧桂园引入了超过1400名职业经理人。莫斌等精英职业经理人的加入，完善了碧桂园的各项内控制度，提高了工程质量、融资和财务管理能力。2016年，碧桂园销售收入突破3000亿元大关，同比增长120%。2017年，碧桂园成为中国最大的房地产企业。

◎ 团体智能型创造家素质之三：表达力

分享财富是物质层面的驱动，团体智能型创造家从精神层面驱动他人，必须具备表达力。正如法国作家圣埃克苏佩里所说："如果你想造一艘船，你先要做的不是催促人们去收集木材，也不是忙着分配工作和发布命令。而是，激起他们对浩瀚无垠的大海的向往。"

例如，任正非很少接受媒体采访，但他特意澄清："我一贯不是一个低调的人，否则不可能鼓动十几万华为人。我平时在家都和家里读书的小孩子一起疯，他们经常和我聊天，我很乐意夸夸其谈，我并不是媒体描述的低调的人。"

任正非喜欢用文章和演讲来统一内部思想，调动员工的积极性。他的文章《我的父亲母亲》《一江春水向东流》《华为的冬天》《北国之春》不仅在华为内部影响巨大，还在IT界、管理界广为流传，被翻译成了几十种语言。

西方有媒体评论，任正非把华为宗教化了，任正非是这个商业帝国的教父。任正非教化员工的手段就是他的一篇篇文章、一次次演讲,善于表达思想是团体智能型创造家任正非的核心竞争力之一。任正非自述道:"我可以告诉你,释放出我们 10 多万员工的能量的背景是什么?就是近 20 年来,华为不断推行的管理哲学对全体员工的洗礼。如同铀原子在中子的轰击下,产生核能量一样,你身上的小小的原子核,在价值观的驱使下,发出了巨大的原子能。"

马云的口才更是闻名于世,在中国,《马云的说话之道》《马云内部讲话》成了畅销书;在美国,网友引用马云语录"今天很残酷,明天更残酷,后天会很美好,但绝大多数人都死在明天晚上"来激励失意者。马云的语言魅力,正如马克·吐温所言:"恰当的语言和不恰当的语言之间的区别,是闪电和萤火虫的区别。"

◎ 团体智能型创造家素质之四:意志力

在战争史上,如果统兵之将承受不了压力,临阵脱逃,随之而来的必然是全军的大溃败。"兵熊熊一个,将熊熊一窝""兵是将之威,将是兵之胆"是最真实的总结。领导者的意志水平,决定着一个团队的意志力上限。

作家余华说:"中国年轻一辈人里面,很多优秀者,但很少扛得了事儿的人。"这一缺陷对成为团体智能型创造家是极为不利的。在实现战略目标的过程中,必然遇到种种麻烦与困难,团体智能型创造家必须能扛事儿,必须有很强的意志力,才能驱动团队持续前行。

例如,在成为首富之前,马云高考考了 3 次;两次求职都因为外貌不合格被拒；1995 年认准了互联网的前景，却连续 4 次创业失败；1999 年马云带领团队东山再起，创立阿里巴巴，最窘迫的时候公司账上只剩 200 块钱……

任正非对团体智能型创造家（领导型人才）和个体智能型创造家（专家型人才）的要求是明显不同的："考核干部，要看奋斗意志，要看干劲，不能光看技能。没有奋斗意志、没有干劲的干部，我们还是要从各级行政管理岗位上调整出来。没有奋斗意志的人，不能带兵。对行政管理干部，我强调要把奋斗精神、干劲作为很重要的考核基础。我们对技术专家、业务专家不提出这样的要求，他们发挥自己的能力就行。"

原央视著名主持人、"凯叔讲故事"创始人王凯的一段话，特别适合用来评价很多目标远大、意志坚强的卓越企业家："大多数人都喜欢做 50 分到 80 分难度的事情，这个区间里就是红海，竞争非常惨烈。而当你的目标是 120 分的时候，你会发现没有人跟你竞争，视野一片开阔……对自己狠的人，其实在这个世界上是很少的。这样的人和团队在什么情况之下，身边都可能是蓝海。"

◎ 团体智能型创造家素质之五：自省力

美国总统林肯在南北战争期间有一段经典的用人经历。大家知道，林肯率领的北方政府在战争初期是经常打败仗的，一个重要原因是林肯先后任命了三四位没有什么重大缺点的将军，而统率南方联军的李将军却会用人所长。李将军手下的每位将军都有明显的缺点，同时在某方面都各有所长，李将军充分有效使用了他们的这些优势。不同的用人之道的结果是，林肯所任命的那些"完美无缺"的将军一次次地败在了李将军手下那些只有"一技之长"的将军手里。

林肯经过深刻反思之后，学习了对手李将军的用人之道。曾有人告诉林肯，他新任命的总司令格兰特将军有贪杯的毛病，林肯回答道："要是我能知道格兰特将军喝的是什么品牌的酒的话，我就会向其他各位将军也各送上一桶。"其实林肯知道将军喝酒不是什么好事，但他深知只有格兰特将军才是有能力运筹帷幄、决胜于千里之外的，因此他就用这句夸张的话来堵住大家的嘴。后来确实也是格兰特将军带领北方军队赢得了南北战争。

林肯的故事体现的道理是领导者必须用人所长，这是驱动人才奋斗的重要一环。很多领导者知道这个道理，但很难做到，因为他们不具备一个重要素质——"自省"。

美的集团创始人何享健多年来始终保持"一日三省吾身"的习惯，每天晚上回家之后，他都会拿一个小本子记录白天工作中犯过的错误，或者写在小便签纸上将本子贴得密密麻麻，哪怕说错一句话都不放过，避免今后再犯同样的错误。

团体智能型创造家养成自我反省的习惯，首先有利于自己的进步——领导者一流的方向感和驱动力，是在实践中不断反省进步得来的。林肯的用人故事，就是通过领导者反省获得进步的典型案例。

团体智能型创造家养成自我反省的习惯，还有利于深刻地认识自己，知道什么是自己擅长的，什么是自己不擅长的。领导者只有意识到自己的短处，才能真正利用好别人的长处。任正非知道自己脾气暴躁，不擅长说讨人喜欢的话，所以他选择不做董事长，而是安排一个擅长沟通的董事长，这是自我觉察的成功案例。觉得自己精通销售、擅长管人，产品问题也很懂的领导者，不可能真正用好各领域的专业人才，无法带领组织持续壮大。

团体智能型创造家养成自我反省的习惯，还有个重要的益处：对自己了解越深刻，才能越深刻地去洞察别人。通过不断的自省，团体智能型创造家能够深刻认识到人无完人——即便不断进步，一个人也会有相对的短板，因此用好人才的关键是看到其长处、发挥其长处。

总之，自省能够提升自身的德才、能够用好别人的长处，是团体智能型创造家驱动他人必须具备的能力。

◎ 相关理论：人本主义教育

人本主义教育是20世纪70年代后在美国盛行的一种现代教育思潮，它把人本主义心理学直接应用于教育领域。主要代表人物是美国人本主义心理学家马斯洛、罗杰斯、弗洛姆、奥尔波特等。

人本主义教育家认为，教育的目的就是人的自我实现、完美人性的形成以及人的潜能的充分发展。这种人是整体的人，他们不仅在身体、精神、理智和情感各方面达到了整体化，而且在人的内部世界与外部世界的联系方面也达到和谐一致。

人本主义教育的最终要求在于培养健康的人格，而传统的课程模式、固定的大纲以及严格的记分标准和单一的考试制度不利于学生的发展，实质上忽视了学生作为整体的人的本性以及个人潜能的不断实现。

人本主义教育家都反对那种强制学生适应学校，重视智育，不重视整个人全面发展的传统教育目标；强调以情感、意志等非理性因素为基础来开发学生的潜能与精神发展，主张课程的设置与教学的目标应从知识的授受转到人性的优化、人生的设计上来，将道德教育、情感教育、艺术教育、宗教信仰教育作为教育的重要内容。

从上述主张来看，人本主义教育非常适用于培养团体智能型创造家。

◎ 团体竞赛：培养少儿领导力的重要途径

为了推动机器人教育的发展，这些年来，我一直在大力推广全球少儿机器人赛事。我们认为，组织孩子们参与团体赛事是培养未来团体智能型创造家的好办法。

几人一组的机器人比赛是"共同创造"的整体。孩子们想要取得胜利，首先要与队友进行良好沟通，以便队友更好地了解自己的意图，在出现不同想法时，大家必须一起协商、比较谁的方案好，或者综合彼此的想法，在这个过程中，他们会努力提高自身的语言表达能力。一轮轮的赛事必然伴随着持续的压力，这是对孩子们意志力的考验。通过赛事，孩子们明白了团队分工的重要性，学会了与他人配合的技巧，懂得了欣赏他人的优点、包容同伴的失误，每个人的合作能力都得到了明显提升……

接下来的几节，我将介绍培养未来团体智能型创造家的更多教育方法。

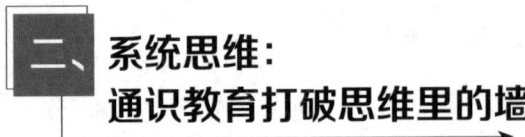

二、系统思维：
通识教育打破思维里的墙

享誉全球的投资人查理·芒格认为，任何一种学科的视野，在给予你认知方法的时候，都可能在囚禁你的思维。他提倡建立"思维模式格栅"：通过大量阅读数学、生物学、物理学、社会学、心理学、哲学和文学等学科专家的重要著述，深入理解书中介绍的核心概念，将不同学科的思考模式联系起来并融会贯通，再将这些理论应用到投资上去，取得最佳投资回报。

人工智能（AI）专家们有个共识，人类智能相对于人工智能的巨大优势就在于能综合各学科，建立世界的全景模型，对世界有多角度、跨学科的立体认知，更明智地做出重大决策。因此芒格的思路在即将到来的人工智能时代变得更加重要。

那么如何建立"思维模式格栅"，也就是团体智能型创造家必备的"系统思维"呢？深入开展通识教育是最好的办法。在国家的"十三五"规划中，明确要求高等教育要走向通识教育与专业教育相结合的道路。因此现在很多大学的校长，都在谈通识教育，这是中国高等教育发展的根本性方向。

◎ 通识教育的方法：学习四种知识

专家们指出，阿尔法狗下围棋厉害，不代表它的智慧真的超越了人类。因为真实世界里的真实问题，不是围棋。围棋的规则是固定的，棋盘就那么大，理论上所有的下法，也只有那么多，这些条件特别适合算法。而真实世界具有几乎无限的自由度，没有明确的规则，充满各种各样的可能性。是什么、该怎么、为什么，这样全盘理解事物，是人类智能的优势所在。

即便在算法大显身手的投资领域，人类智能也至关重要。1992 年，索罗斯决定做空英镑，也就是赌英镑会贬值。简单来说，当时德国面临通货膨胀压力，德国的央行就定下了一个比较高的利率来抑制通货膨胀。英国、意大利等其他欧洲国家为了刺激低迷的经济，利率比较低，这样欧洲就有大量的资金为了获取更高的存款利率而进入德国。资金外流让英镑面临贬值压力，英国就向德国施加压力，你赶紧调低利率吧。

索罗斯判断，德国一定不会调低利率，英镑一定会贬值，他掌管的"量子基金"就重金做空英镑，短短十几天就赚了 10 亿美元。索罗斯的主要依据不仅是交易员们依赖的大数据，还有他对德国历史的把握。在德国历史上，希特勒之所以崛起，纳粹之所以获得那么高的支持率，一部分原因是当时的政府应付不了通货膨胀，因此为了防止纳粹卷土重来，德国政府官员一定会全力打压通货膨胀，他们不会降低利率的。

由此可见，顶级的投资高手看重的不仅是数字，他们还会看报纸文章、历史经验、故事、人们私下的对话等各种信息。

麦兹伯格在《意会》这本书里提出，高手会在工作中综合运用四种知识：第一种是"客观知识"，物理、化学、生物、天文地理等自然科学都是客观知识，各种交易数据、经济指标和财务报表，也是客观知识；第二种是"主观知识"，一个人的喜怒哀乐、饱了、渴了等主观感受都是主观知识；第三种是一群人的"共享知识"，比如，社会文化和公共情绪，德国人害怕通货膨胀就是共享知识；第四种是"感觉知识"，这是指专家对所处的环境、对各种数据的一种直观感受、直觉反应，比如老猎人进山之后能感觉到周围有危险、资深交易员能感觉到今天的市场有问题。

各种交易算法的强项和优势是客观知识，但算法很难理解人的"主观世界"。优秀的交易员除了利用算法处理客观的量化数据，还会了解对手的主观知识，了解一个国家的共享知识，也会利用自己多年形成的感觉知识，也就是对市场的直觉。掌握四种知识的交易员不会被算法取代。

通识教育的目的不是学习实用技能，而是通过对四种知识的学习，能在分散的、看似无联系的事物之间洞察深入、隐秘、内在的因果联系，获得解决问题、认识社会、理解他人的能力。

◎ 通识教育的运用：洞察人性

通识教育本质上拼的是对人性的理解，对人性的洞察能力。这是统治者的高级能力，也是对未来工作者的普遍要求。

有位犯罪研究专家深入分析一大批刑事案件档案之后，发现在酒吧致死殴斗事件中，有85%的案件，先动手的人都是那个最终被打死的人。

结论显而易见，在酒吧千万不要先动手，不然十有八九会被打死。但这个结论是错误的，因为这个专家缺乏系统思维，没有从人性的角度再想一想：档案中记录的只是活下来的人的口供，他们在审讯过程中，为了推卸责任，肯定会说是死了的那个人先动的手，除非还有其他证人让他实在无法抵赖。

麦兹伯格的咨询公司曾经给一家人寿保险和理财公司梳理业务。这家公司原本是主攻年轻人市场，但麦兹伯格最后建议这家保险理财公司主攻老年人市场，因为他发现很多中产阶层的老年人对保险理财有着迫切的需求。他们退休后有一种生活失控的感觉：孩子已经离开家独自生活，我是不是还应该住这么大的房子？接下来的养老生活怎么安排？人寿保险还能不能买？生命所剩无多，他们不知道接下来的生活该怎么办。

相比之下，年轻人并没有面对死亡的失控感，他们对人寿保险并不太感兴趣。这家保险理财公司理解了老年人和年轻人对死亡的心理是不同的，因此果断调整了工作的重心，结果保险公司的业绩马上大涨。

保险销售可以用到社会心理学，汽车销售同样能用到。比如，一个CEO对各地消费者的区别要有敏感度：美国消费者喜欢汽车具有高精尖的先进功能；很多欧洲中产阶级把车当成实用的交通工具，上班就开个普通小车；而无人驾驶汽车在印度可能需求不大，因为印度有车家庭都会雇个专职司机，这是身份的象征。

密涅瓦（Minerva）创新型大学创始人本·纳尔森（Ben Nelson）认为："通识教育在美国高等教育的300年历史中，关注每一位学生的心智成长，让他们接触到更多的领域、科目和思维方式，让学生自己拥有一套分析和交流的工具，这个工具可以用在专业领域，或者其他任何方面。"

各种人文学科都跟上面所说的社会心理学一样，能够提供高级工作所需的分析工具。

例如，很多人没怎么听说过的符号学，听起来没什么用，但在会用的人手里，它就特别有用。符号学有个观点：人们根据各自的生活背景，赋予符号不同的意义。如果能找到恰当的符号，能代表某个特定人群想要的意义，你就能用符号赢得这些人。

麦兹伯格介绍了一个高端化妆品品牌的营销案例，这个品牌的目标用户是大都市里的高端白领女性。她们追求生活的平衡，事业、爱情、孩子、健康，什么都想要。那该用什么符号吸引她们呢？营销人员先是用一个什么都有的女性作为广告形象，结果市场反应很冷淡，他们发现，虽然这些目标消费者追求生活的平衡，但她们对时尚的要求可不是平衡，而是一种现代生活的浪漫。于是营销人员就把这个化妆品品牌和下面这些符号放在一起：手写的信、丝绸长外衣、生蚝的壳、一串珍珠……因为找对了符号，这个化妆品大受欢迎。

再来看在工作中运用文学艺术的典型案例。

2001年IT产业泡沫破灭时，倒闭与收购浪潮席卷整个产业，许多知名公司一夜之间倒下，大量计算机专业的学生找不到工作。乔治亚理工学院的计算机学院院长理查德·德米洛是惠普公司前高管，问一家企业的高管究竟需要什么人才。对方回答：传统的计算机技术人员不缺，但那种有讲故事能力的人才特别稀缺，因为计算机游戏正热，游戏需要精彩的故事结构。于是，德米洛院长鼓励计算机学院的学生读文学，同时敦促文科学生涉猎计算机。之前大家都没想到，文学这个最"没用"、最"不实际"的专业，竟然会成为计算机这一最"有用"、最"实际"

的专业的救星。

谷歌公司的元老桑托斯·贾亚拉姆曾被请到大学演讲，他也出人意料地劝导学生们别总盯着技术，要珍视文学的价值。因为企业最需要的是能讲故事的人，要把正在开发的产品讲得仿佛已经存在了，市场会被煽动起来，天使投资就会急急忙忙找上门来了，老板再把技术细节交给软件工程师们去做，公司就成功了。哪怕在科技公司，绘声绘色地讲故事也是领导者的关键能力。

从技术角度来看，苹果手机的不少技术指标其实明显不如同价位的华为手机，那为什么很多人还是想买苹果呢？除了品牌因素，在性能够用的前提下，人们最看重的已经不是技术指标，而是手机的艺术成分。以技术为基础，以艺术打动人，是未来社会的重要竞争法则。

从以上的例子可以看出，通识教育可以拓展思考的维度，极大提升培养领导者的决策质量。正如芝加哥大学副校长兰·索罗门（Lan Solomon）所说："我们要同时在广度与深度上提供教育，打造全面发展的学生，教育不是用来让学生获得消遣和娱乐，也不是教会他们某些技巧，而是要培养领袖人物。"

◎ 通识教育的成效：精英辈出

2008年，《华尔街日报》发表了一项研究，对人文学科和理工科毕业生的收入做了比较。各大学毕业生的入职年薪前10名中有8个是理工大学，如麻省理工、加州理工、佐治亚理工等，年收入的中位数超过7万美元。哈佛、耶鲁、普林斯顿等常春藤名校都排不进前10名。不看学校看专业的话，计算机和化学工程的收入中位数是最高的。

再来对比毕业15年后的收入情况，那些以通识教育见长的大学，例如哈佛、普林斯顿就挤进了前10名，超越了以工科、商科为主的大学。在位居前10%的高收入人群——年收入超过30万美元的群体中，排在前两名的是常春藤名校耶鲁大学和达特茅斯学院，它们都以文科实力而闻名世界。这些前10%的高收入人，在大学里学的主要是政治学、哲学、戏剧和历史。

其中的原因并不复杂，很多时候，一个人的成败取决于见识的高低，而不是靠简单的努力。而通识教育最能提高一个人的见识水平。

因为女儿申请大学，吴军陪着女儿走遍了英、美两国的名校，包括牛津、剑桥、哈佛、普林斯顿、斯坦福、耶鲁、麻省理工、加州理工、宾夕法尼亚、约翰·霍普金斯、卫斯理学院、杜克大学、华盛顿大学，这其中既有常春藤名校又有著名的文理学院。

吴军发现，英国和美国的名校普遍认为大学教育分为两个阶段：以通识教育为主的本科阶段和以专业教育为主的研究生阶段。通识教育旨在为学生带来完整的知识结构，养成触类旁通的通用智慧。英美名校本科生所学的专业知识要比中国学生少，但知识面要广很多，社会经验也更丰富，综合能力更强。

耶鲁大学以通识教育闻名，为了让学生接触更多的领域，耶鲁每个学期开设2000多门课程，学生们可以自由训练。耶鲁大学的毕业生中有13位诺贝尔奖获得者，500多名美国议员，以及5位美国总统，包括前总统小布什以及他的前任比尔·克林顿。

曾就读耶鲁大学历史系的中国才女左彤介绍说，她入学的时候耶鲁不要求她申报专业，大一、大二前两年，随便选任何课都可以，到大三的时候，学校才要求学生申报一个专业，而专业课程也只占大学课程大约1/3的比重，所以耶鲁的学生有非常大的自由度，去探索不同的科目。左彤认为，通识教育就像是建立一个基本的坐标系，你有了这个坐标系以后，再去看任何新的事物，接受任何新鲜的现象的时候，你知道该把它放在坐标系的哪个位置。

普林斯顿的学生不管学什么专业，毕业前都需要修足够多的人文和社会科学课程，以及基本的理科课程。在哥伦比亚大学，所有的学生都要上10门左右的核心课程，其中一门课是阅读柏拉图、亚里士多德、希罗多德、卢梭、弥尔顿等20多位西方历史上著名作家的经典名作。斯坦福大学盛产科技精英，但本科实行的也是通识教育，学生必须在9个领域完成必修课，包括文化与思想、自然科学、科技与实用科学、文学与艺术、哲学、社会学科与宗教思想。

这些美国名校的本科毕业生，因为通识教育，擅长很多领域。耶鲁大学音乐学院院长罗伯特·布洛克尔（Robert Blocker）表示，一些音乐系的学生对于商业、法律、知识产权、公共卫生和健康方面表现出了浓烈的兴趣，这就是哈佛、耶鲁这些进行通识教育的大学的魅力所在。

美国西点军校培养了大批军队和商业、政治领域的领袖。作为军官学校，它给毕业生授予的并不是军事类的学位，而是清一色的工程学位，与麻省理工学院差不多。西点军校的主要课程并不是各种军事课，而是数学和工程类的课程，此外还有一些人文和艺术类课程。具体来说，所有学生都要学习16门核心课程，包括3门数学课、物理、化学、地理、计算机、文学、历史、写作、哲学、领导心理学、经济学、政治学，此外根据专业的不同再从数理化和生物中挑选两门课。另外，每个学生还要学习3门工程学的课，8门有关外语、国际关系、法律、领导力的课程。

由此可见，西点军校也认为，培养领导者必须进行通识教育，而不是在本科阶段就早早地接受专业教育。

通识教育的理论渊源可以追溯到古希腊，2000多年前的亚里士多德主张"自由教育"，通过发展理性、提升智慧及道德水平，实现公民的身心和谐发展，能够参与公共生活。自由教育具体来说是实行对话式、散步式和讨论式的多学科教育。接受过自由教育的公民懂得哲学、逻辑学、语言、演讲术、音乐、天文、数学等知识，他们会打仗，会辩论，能在法庭上为自己辩护。

19世纪有不少欧美学者认为现代大学的学术分科太过专门、知识被严重割裂。英国人约翰·纽曼继承了亚里士多德的教育观念，他在《大学的理念》一书中提出，自由教育胜过任何专业教育，它使科学的、方法的、有序的、原理的和系统的观念进入受教育者的心灵，使他们学会思考、推理、比较和辨析，尽管他们没有受过任何专业教育，但在接受自由教育以后，他们的理智水平足以使其胜任任何一种职业。

左彤在耶鲁大学的学习体会是，在国内人家会觉得，哎，你看你弹钢琴或者你学历史，找得着工作吗，这么阳春白雪是吧……但是在这儿你会发现，学音乐、学历史的人也可以做政治，也可以经商。你在本科学的科目，不代表你要一辈子做这件事情，你只是在这段时间，做你喜欢做的事情，以最大的努力去拓宽你的知识面，然后拓宽你的技能储备，这样在未来不管你做什么，不管你遇到什么新的知识，你都知道怎么面对它，都能适应，然后都能很快地在一个新的领域做好。

三、分享力：培育内在的光与热

一个成年人缺乏分享力，跟小时候的成长环境有很大关系：有的人是因为小时候家里穷，父母忙于生计，忽略了对他们的关爱，同时穷人的孩子在学校里和社会上往往也缺乏关爱，常常会遭人冷眼，这造成了他们不懂得关爱别人，没有分享的习惯；有的人小时候家里条件还不错，父母非常宠爱他们，对其有求必应，却没有教育孩子关爱他人，以至于他们长大后同样缺乏关爱意识和分享意识。

关于关爱孩子，以及如何培养孩子的关爱意识、分享意识，古今中外有不少教育理念和方法可供借鉴。

◎ 方法一：给婴幼儿足够的安全感

1987年，美国有人调查了205个孩子，看他们身上都有哪些品质，然后跟踪10年，10年之后再对比，看哪些孩子生活得最好。结果所有品质之中，最能带来好工作和升职的一项是"被人喜欢/接受"。

瑞典有研究者对1万个孩子跟踪了30~40年，结论是即便考虑到智商、社会经济地位、身体和精神健康、家长情况这些因素的影响，"被喜欢"还是对未来好命运的最重要的预测指标。

不仅国外如此，在更讲究集体主义和人际关系的中国也是如此。中国上海有个跟踪7年的类似研究，结论也是最"被喜欢"的人，命运最好。

有研究证明，"幼年缺乏母亲照料"的猴子当了母亲时，它们要么情绪冷漠，不会照料或保护幼猴，要么对自己的孩子滥施暴力，伤害它们，有些甚至造成幼猴的早夭。同样地，一个人是否被人喜欢、受人欢迎，最重要的决定因素是他在怎样的家庭环境中长大。

早期依恋关系对终身人际关系有怎样的影响？中国人民大学心理系教授胡平举了一个典型的心理学案例：佳佳是一位让家长很"省心"的孩子。第一天来上幼儿园时一声都没有哭，还跟妈妈说："再见"，似乎妈妈在与不在对她不产生任何影响，她能很快地适应幼儿园的生活，下午爸爸妈妈来接她，她也不理会，有时也会冲着爸爸妈妈笑笑，然后继续玩自己的玩具，直到妈妈拉她的手回家。佳佳的妈妈很骄傲地说："我们家佳佳从来都不黏任何人。"

胡教授分析说，佳佳对妈妈的依恋是典型的回避型依恋。回避型依恋，就是幼儿对妈妈没有形成真正的依恋，妈妈在不在场对他们影响不大，离开时幼儿并不表现出分离的焦虑，回来了他们也不予理会，或者只是短暂欢迎一下之后就走开。

这些看似很乖、不黏人的回避型依恋的幼儿，往往会玩、好动、脾气暴躁、容易冲动、攻击性较强。佳佳对周围的事物报以不理会、不敏感、不依恋的态度，可以推测她妈妈的教养方式大体是对幼儿不敏感、不理会、拒绝与干扰。

还有一种不正常情况则是孩子一时半刻也不能离开妈妈。这两种情况都是安全感不够的表现。正常情况是这样的：

佳佳第一次来幼儿园，感到很新奇但是也有点紧张，总是在靠近妈妈的地方玩。母女二人玩了一会儿，幼儿园的老师走进房间，她非常友好，也跟佳佳玩。佳佳慢慢适应了老师，但仍然跟自己的妈妈更亲近一些。妈妈找了个机会，在佳佳没注意的情况下离开了游戏室。佳佳发现妈妈不在房间了，有点不乐意，但勉强还是继续跟老师一起玩。过了一会儿妈妈回来了，佳佳一看到妈妈就特别高兴，马上跑到妈妈身边。

这是非常正常的表现，说明妈妈给孩子提供了足够的安全感。

依恋关系可分为安全型和不安全型。6个月至3岁是幼儿依恋关系形成的关键期。要使幼儿获得安全型依恋，妈妈要经常关心幼儿正在做什么，对其发出的信息要积极给予敏感的反应。比如，孩子在哭闹时一定是有需求没得到满足，妈妈要及时用恰当的方式做出反应，不要采用不理会或威严拒绝的方式。此外，妈妈还要多陪陪幼儿，经常给予拥抱、抚摸等接触，在指导幼儿时，应充满热情和鼓励。

这样的养育方式有多重要？荷兰的一项研究表明，从一个孩子1岁时的安全感，就能判断他7岁时的受欢迎度。安全型依恋的儿童比较自重，热情高，积极性情感较多，消极性情感较少，他们较少发牢骚，攻击性也较弱。

心理学家们能预测一个5岁小孩在7岁时的受欢迎度，方法很简单：给妈妈5分钟时间，让她谈谈自己的孩子，如果她说起自己的孩子都是用一些温暖的词汇，充满喜悦和自豪，那就说明母子互动良好，这个小孩到7岁的时候也会跟同学相处得很好；如果妈妈一说起孩子就是各种抱怨，那这个孩子就很可能特别具有攻击性。

◎ 方法二：从小培养社会兴趣

为人父母总想给孩子最好的东西，那对孩子而言，什么才是最好的东西呢？父母用自己的积蓄让孩子进到名牌小学（学区房）、名牌中学（赞助费）、名牌大学（自费留学），只是在不断地提高孩子的认知类技能。但心理学家提醒我们，真正决定一个人的幸福和事业成就的往往是那些非认知技能，这才是孩子最珍贵的无形资产。

有一个非常重要，同时也常常被家长忽视的非认知技能，那就是社会兴趣。在著名心理学家阿德勒的人格观中，一个心理健康的人，往往有这样一些特点：有浓厚的社会兴趣，懂得互助合作，有健康的生活风格和正确的解决问题的方法。

社会兴趣是指对社会怀有积极的看法，并且对增进社会福利怀有强烈的兴趣；对他人总是保持一种合作与建设性的姿态，对与他人的交往、融入一个群体当中怀有深厚的兴趣。培养社会兴趣不等同于发展外向性格，外向是行为的表现方式，而社会兴趣则是发自内心的友善，一种关心家庭、他人、社区、社会和人类的一种感情。

为什么社会兴趣这么重要呢？因为人是社会动物，马克思指出："人不是抽象的蛰居于世界之外的存在物。人就是人的世界，就是国家、社会。"正如荀子所说："力不若牛，走不若马，而牛马为用，何也？曰：人能群，彼不能群也。"人的力气不如牛，速度不如马，那为什么牛马会被人类驱使呢？因为人能结合成社会群体，而牛、马不能结合成社会群体。为了保证自己的继续生存，每个人都必须在适应社会环境的过程中发展自己的精神器官。在这个过程中，健康的人就发展出了社会兴趣。正是这种感觉为个体提供了安全和快乐，当这种感觉充分发展时，一个人就会产生与人合作以及为社会做贡献的愿望。

怎么来衡量一个人的社会兴趣是否健全和充分呢？阿德勒给出了3条标准。

第一，合作。阿德勒主张从合作能力的角度为心理学下定义，即心理学是对合作缺陷的了解。个体的柔弱和环境的强大使一个健康的个体懂得在合作的过程中增进自身的力量，而那些缺乏合作意识和能力的人，其心理和智力的发展都会受到严重的影响。

心理健康的人面对一个问题的时候，他常常想到的是跟别人去合作；当别人遇到困难时，他保持一种习惯性的帮助他人的准备状态。比如说他从一扇门出去的时候，会习惯性地把手往后推，让后面的人方便地过这扇门。他帮的人往往并不认识，即使不认识都保持一种帮助他人的准备状态，这就是社会兴趣。

第二，给予。在与他人交往的时候一直保持着"给多于取"的倾向或者是习惯。

我们之所以能够平安喜乐地成长，是因为从小到大接受了亲人与社会的无数恩情，感恩回报是理所应当的。因此北宋政治家、军事家、文学家范仲淹有句名言："先天下之忧而忧，后天下之乐而乐。"他有个习惯："吾遇夜就寝，即自计一日饮食奉养之费及所为之事，果自奉之费与所为之事相称，则鼾鼻熟寐；或不然，则终夕不能安眠，明日必求所以称之者。"意思是他每天晚上睡觉的时候，都要算一笔账——自己所得到的与自己所做的事情之间是否对称。如果对称的话，他就会酣然入眠，睡个安稳觉。如果发现不对称的话，他就会整晚上睡不好，老想着明天一定要让自己的所为与自己的所得能够相称。

爱因斯坦也有类似的一句名言："我每天上百次地提醒自己，我的精神生活和物质生活都依靠别人，包括生者和死者的劳动。我必须尽力以同样的分量来报偿我所领受了的和至今还要领受的东西。"

阿德勒有一个"14天治愈计划"，他宣称，只要完全按照他的要求去做，他就能够在14天之内治愈任何有心理疾患的人。一天，一个极度抑郁的妇女听到宣传后来找阿德勒。她蔫蔫地问道："你要我干什么？"阿德勒回答："如果你每天为别人做一件事，坚持14天，到时候你的抑郁症就会消失。"她反对道："凭什么我要替别人做事？从没有人替我做任何事。"阿德勒打趣道："哎哟，那你可能需要21天了。"阿德勒知道，哪怕她仅仅是想想能为别人做些什么，她就已经走上改善之路了。

第三，共情。表现为对他人的思想、感情、体验，希望给予理解的能力和愿望，总是试图保持同频共振，而不是自说自话。

现代人都知道社交的重要性，社交的关键不是你记得多少人，而是有多少人记得你，进一步来说是有多少人认可你。合作、给予、共情力，同时做到这3样，才能够得到别人的认可，否则认识再多的人都是无用功。

吴伯凡举了一个很好的例子，多子女家庭当中，经常出手帮助兄弟姐妹的那一个常常是最有钱的。不是因为他有钱他会帮助别人，而是因为他具有一种散发能量的习惯和能力，所以他就成了一个广义的暖男，一个具有热辐射能力的人，或者说他具有一种社会兴趣的童子功，这让他获得了无数人的认可，进而促成了他的事业。

心理专家在治疗的过程中经常发现，一个人的社会兴趣和他的心理健康水平有着极为重要的关系。一个有社会兴趣的人会相应地发展出合作、共享、利他、自制、自律、谦让、责任、关怀和宽容等多种人格特点，他跟人打交道的时候，会给人一种温暖的感觉，别人对这种气场的反应也往往较为积极和配合，这使他在处理职业、人际关系问题上通常比较顺利，而这一切在日常生活中都具有很高的心理保健作用。

大量的统计表明，如果一个人的社会兴趣和愿望充分的话，他的幸福程度和他的事业成就远大于那些社会愿望不足的人。缺乏社会兴趣的人总是只关注自己，看问题的视角比较狭窄，并且常常会以投射的方式解释发生在自己周围的事件，再加上平时缺乏与别人的交往而造成的人际关系贫乏甚至紧张，即使日常生活他能够勉强应付，在遇到事情时就很难不出心理问题。神经官能症、精神病、酒精中毒症、犯罪行为等心理失调，被认为是社会兴趣发展不足导致的后果。

那些总处理不好宿舍关系的人，那些总以为别人会欺骗自己，会看不起自己的人，那些总怕别人在算计自己的人，其社会兴趣务必加强。因为人们对一个人形成判断，只用 1/10 秒。有冰凉气场的人，别人会在一瞬间感受到，并悄悄地把他屏蔽和拉黑，这意味着他给自己设下了重重障碍。这种模式一旦固化起来，就会形成人生巨大的负资产，家长务必意识到这一点。

培养孩子社会兴趣的关键一步，是要教导孩子依靠自己，然后他才能为帮助他人做好准备。但今天的家长往往习惯于扮演"超级妈妈"或"超级爸爸"的角色，孩子们就学会了期待这个世界为他们服务，而不是他们为这个世界服务。

◎ 方法三：以家风校风熏陶孩子

我曾在央视看到一段让人感到心酸的新闻：一个5岁的小孩子被人拐走，被训练后专门偷别人的手机，偷到了就给糖吃，这个孩子完全不知道这样做是犯法的，她以为自己在和大人们做一个游戏，完成任务就有糖吃。

很多家长担心自己的孩子学坏，从人性角度看这种担忧是很有道理的。

孔子的人性观念是："性相近也，习相远也。"意思是人的自然本性并没有太大差别，刚出生的婴儿既不是善良的天使，也不是邪恶的魔鬼，之所以长大后天差地别，是因为在后天学习的作用下拉开了距离。

后天的学习主要受到环境的影响，荀子有个著名的比喻："蓬生麻中，不扶而直；白沙在涅，与之俱黑。"一个人要是生活在好的环境里，就能健康成长。

墨子也有类似的观点，他认为人性是"染于苍则苍，染于黄则黄"，意思是白色的丝线被青色染料所染就变为青色，被黄色染料所染就变为黄色，环境对人性的作用就像染料对白丝的作用。

俗话说，3岁看大，7岁看老，7岁之前的小孩子所处的环境主要是家、社区和幼儿园，孩子自然而然地会向父母、邻居和老师、同学学习。

孟母三迁是典型的给孩子选择成长环境的案例。孟子小时候，父亲早早地去世了，母亲守节没有改嫁，独自抚养孩子。母子俩早年居住在城北的乡下，他们家离墓地很近，经常有人办丧事，孟子看多了就学会了，常常玩筑坟墓或学别人哭拜的游戏。他的母亲说："这个地方不适合孩子居住。"于是将家搬到城里,他们住的那条街有很多生意人,孟子天天在集市上闲逛,又模仿别人,玩做买卖和杀猪的游戏。母亲心想,这个地方还是不适合孩子居住。她又将家搬到城东的学宫旁边,学宫里书声琅琅,把孟子吸引住了。他时常在学宫门前张望,看到老师带领学生演习各种礼仪,孟子因此学会了在朝廷上鞠躬行礼及进退的礼节。孟母觉得这才是孩子该学的东西,就在这里定居下来了。

除了不遗余力给孩子选择一个良好的社区环境,孟子的母亲还尽力营造一个良好的家庭环境。

孟子少年时,有一次邻居杀猪,孟子问母亲:"邻居为什么杀猪?"母亲随口说了一句:"要给你吃肉。"说了这话,孟母就后悔了,她想:"怀着孩子时,席子摆得不正,我不坐;肉割得不正,我不吃,这都是对孩子的胎教,现在他刚刚懂事我却欺骗他,这是在教他不讲信用啊。"于是孟母就买了邻居的猪肉给孟子吃,让孩子知道母亲没有欺骗自己。

除了以身作则讲诚信,孟母还把自己做事的恒心传递给孩子。有一天,母亲正在织布,看见孟子逃学回家,非常生气,就拿起一把剪刀把织布机上的布匹割断了。孟子见了十分吃惊和惶恐,问母亲为什么要这样。母亲责备他说:"你读书就像我织布一样。织布要一线一线地连成一寸,再连成一尺、一丈,织完后才是有用的东西。学习同样必须靠日积月累、坚持不懈,才能有所成就。你如果偷懒,不好好读书,半途而废,就会像这段被割断的布匹一样毫无用处。"孟子受到深刻教育,从此勤学苦读,成为一代大儒,被后人尊称为"亚圣"。

孟子认为,人生来就有恻隐之心、羞恶之心、辞让之心、是非之心,如果这些向善的心理得到扩充,就会产生仁、义、礼、智 4 种优秀品质。

那怎么扩充这些向善的心理呢？孟子母亲给孩子营造良好的成长环境，来塑造孩子良好的品性，很值得今天的父母学习。

比如，学校作为孩子重要的成长环境，一定要认真选择，因此不论是中国还是美国，很多家长都热衷于择校。

国家博物馆讲解员河森堡讲了他亲身经历的两个教育案例。

国家博物馆有一项职责是给北京市的中学生上课外历史课。有一次，北京东郊的某所中学来国博上课，由于学校离市区非常远，所以比预定时间晚到了1小时，但老师提出的第一个要求竟然是要提前1小时返校。这样一来，这所学校真正的学习参观时间缩短了整整2小时，只剩下不到20分钟。

河森堡十分惊讶，就问带队老师："您为什么这么着急回去？"老师说："学校订了营养餐，送餐公司如果多等一些时间是要多收费的，我们必须按时赶回去吃营养餐。"在"按时吃营养餐"和"到国家博物馆上专题课"之间，这所学校的老师认为吃饭有价值得多。

秉持这种价值取向的学校培养出来的学生会是什么样的呢？河森堡的讲解员同事后来回办公室抱怨说，这所学校初二学生的基础知识和表达能力非常糟糕，表现简直差到了无法正常教学的地步。

河森堡曾接待过北京一所非常著名的重点小学，也留下了非常深刻的印象。他们来国博上课，并不是上级部门的要求，纯粹是学校自愿的，说是要拓展学生的视野和知识面。

到了午饭时间，河森堡说："同学们，快过饭点了，咱们先去餐厅吃饭吧，再不去的话，餐厅关门就吃不上午饭了。"带队老师问那些孩子："你们是去吃饭还是继续上课？"学生们无一例外地高喊："继续上课！"

带队老师一脸歉意地对河森堡说:"老师,真对不起,孩子们下午和晚上还有其他的课程,怕是来不及吃午饭了,能不能麻烦您继续给同学们上完课?您喜欢吃什么?我去帮您把饭买好。耽误您吃饭,实在是对不起,我们一个星期才能来一次国博,确实不容易,请您谅解。"河森堡听了这番话,不仅不觉得饥饿和辛苦,反而备受感动和鼓舞。

这所小学的价值取向和上面那所中学截然不同,那它培养的小学生是什么水平呢?

河森堡出了一道题考这些学生:"小朋友们,北宋之后是哪个朝代呀?"他期待的答案是南宋。结果有一个小朋友说北宋之后是伪楚,这是女真人在把北宋政府一网打尽之后立的一个傀儡政权,这个小朋友记得清清楚楚,伪楚的皇帝张邦昌登基是在三月,南宋皇帝赵构登基是在五月。河森堡心服口服,对他说:"你真棒。"

河森堡感叹,这些五年级学生的知识、眼界和表达能力全面碾压之前那所中学初二的学生,课堂纪律也是一级棒。

从河森堡的这两个例子不难看出,孩子处在不同的学校环境中,其心智成长会有多大的差别。

择校的第一要素不是哪所学校的学生成绩最好、名气最大,而是看学校的风气如何,如果一所学校有很多孩子打架斗殴、撒谎偷盗,学习氛围很差,自己的孩子天天和这些小伙伴一起鬼混,结果可想而知。孔子强调,与正直的人交朋友,与诚实的人交朋友,与见多识广的人交朋友,对一个人的成长大有好处。

有一位家长说得很好:"我觉得一所学校,校风严谨,学习气氛浓厚,出来的学生就算是学习成绩差点,但是性格养成、行为习惯方面都是很不错的。好的老师，对孩子一生的价值观、学习习惯养成等影响巨大。尤其是小学老师，可以说是孩子启蒙阶段的领路人，更是重要。"

◎ 方法四：以孝顺养成付出的习惯

很多动物和人类一样，父母很疼爱孩子，但20世纪人类学、灵长类学等学科的研究表明，人类是已知动物世界中唯一能明显养老的物种，孝是人类的一大特色。

在中国文化的所有做人道理中，孝敬父母是第一位的。张祥龙教授评价说："儒家是世界上的大哲学、大宗教中唯一自觉地以我们的亲子本性或家本性为源头的学说。"孔子认为孝是一切道德的基础，一个人如果对父母都没有孝心，更不可能对他人有爱心。"百善孝为先""忠臣良相必出孝子之门"，这些话充分体现了中国文化的特点。

很多海外华人仍然传承了孝道。曾经在《哈利·波特》影片中饰演哈利·波特女友的苏格兰籍华裔女生梁佩诗说："在我身上仍然有中国传统文化的印迹，譬如我会视我的父兄为生命中最重要的人，并且愿意为他们做任何事。中华文化里的孝道在我身上也有明显的体现，我非常尊重父母，很听他们的话，从来不会和他们对着干。"

在当下的中国，孝的观念有所淡化。四川省社会科学院的一项调查显示，20%以上的父母表示子女不够孝顺。孝心是要靠后天培养的，培养孝顺孩子的关键是以身作则，让孩子看到父母是怎样对待爷爷奶奶、外公外婆的，并告诉孩子为什么要这么做。但今天的很多父母自己在尽孝时都已经误入歧途。

我们来看看孔子是怎么教育弟子孝敬父母的。孔子的学生曾参是出了名的孝子，但曾参在尽孝时曾经犯过教条主义的错误。

曾参有一次和父亲曾点一起在瓜地里除草，他一不留神把瓜苗的根斩断了，父亲看到孩子不知爱惜物力，做事不谨慎，举起手上的大木棍就向曾参的背上打去。曾参看到父亲因为自己做错事而生气，他想让父亲消消气，就跪在地上让父亲打，被打得扑倒在地上，好长时间才苏醒过来。曾参醒过来之后，爬起来整理好衣冠，恭恭敬敬地走到父亲跟前行礼，问道："刚才孩儿犯了大错，使得您费了很大的力气来教育我，您的身体没有什么不舒服的地方吧？"曾点看见儿子没什么大碍，就放心了一些。曾参回到自己的房间后，开始弹琴唱歌，希望父亲听到之后，能够进一步确认自己健康无恙，可以安心。

听说这件事的鲁国人都认为曾参是个孝子，但孔子听说后很不高兴，对弟子们说："曾参来了，别让他进门。"曾参知道孔子生气之后，心里很不安，但思来想去实在不知道自己到底做错了什么，就请同学帮忙请教孔子。

孔子说："古代的圣君舜在侍奉他的父亲时非常尽心，每当父亲需要他时，舜总在身边；但当父亲听信他后母的谗言，要杀舜的时候，却没有一次能找到他。如果父亲用小竹鞭打舜，他能承受就让父亲打几下；如果父亲用大棍棒打舜，他就逃跑。这样舜的父亲就没有犯下为父不慈的罪过，舜保全了父亲的名声，这才是尽到了孝子的本分。但是曾参侍奉父亲，不知道爱惜自己的身体，就算死也不回避父亲在愤怒中的棒打，如果真的被打死了，那就让父亲犯罪了，这是陷父亲于不义，这样辱没父亲难道不是不孝吗？"

弟子们听了老师的话恍然大悟，曾参说："我真是犯了大错啊。"于是他诚心诚意地向孔子拜谢并反省了自己的过错。孔子这番话告诉我们，孝是原则，但不是教条，要根据实际情况来灵活地孝敬父母。尽孝不是有心就够了，还要多动脑筋。

曾参尽孝在有些方面是很善于思考的，他不仅精心照料父母的身体，还非常体贴父母的心情。他的父亲曾点乐善好施，经常接济贫困的邻里乡亲。父亲的这个习惯，曾子牢记于心，每次父母吃过饭，曾参都会向父亲请示，这次剩下的饭菜要送给谁。如果父亲问厨房里还有剩余的吗，曾参一定会回答"有"。

四川省社会科学院做的调查显示，71.63%的年轻人认为，孝的含义是"善于奉养父母"。有人提出给父母足够的钱；有人说保证他们的身体健康；还有人说老人就是"老小孩"，隔几天哄一哄就万事大吉。曾参奉养父母不仅是照顾他们的生活，保证他们的身体健康，还尊重父母的心志、精神，让他们心情愉快。曾参对尽孝的思考显然更全面。

等到曾参的儿子曾元奉养他时，每顿饭也有酒有肉，等曾参吃完饭，曾元把饭菜撤除的时候，没有问父亲剩下的饭菜给谁。曾参问厨房里还有剩余的饭菜吗，曾元回答说"没有了"。曾元的想法是把酒和肉留下来给父亲吃。虽然曾元也在尽孝，但他显然不懂得要体贴父亲的志向和精神。我们猜测原因可能是曾参没有从小就把这个道理告诉儿子。

今天的子女在尽孝时，要向曾参学习。比如说即便自己的爱好很高雅，喜欢的是琴棋书画，但如果父母爱跳广场舞就鼓励他们去，爱花点小钱打打麻将也不要拦着。同时还要吸取曾参的教训，要告诉孩子，为什么自己会支持爷爷奶奶或外公外婆的这些看起来并不高级的爱好，因为孝顺不仅是照料好父母的身体，还包括对父母精神生活的理解和慰藉。

培养孩子的孝心，不仅要让孩子理解孝敬父母要有灵活性，要体贴父母的精神生活，还要从小培养孩子的行为习惯。比如，对幼儿园和小学时期的孩子，可以要求他们回家主动向爸妈问好；到了中学阶段，可以要求孩子在父母生病时主动照顾；此外，也可以让孩子一起参与照料爷爷奶奶、外公外婆。

同属儒家文化圈的韩国人非常重视对孩子进行孝道方面的行为教育。在儒家思想影响下，韩国人重视血统，讲究亲情，努力维系以血缘为中心的大家族。在韩国，每逢中小学生的寒暑假，各地乡校都会举办"忠孝教育"讲座，向学生宣传"忠、孝、礼"等传统伦理道德。

我们在韩剧里经常可以看到，长幼之间的礼节非常多。小辈与长辈同桌饮酒时，小辈要给长辈斟酒敬酒，自己喝时则要转头往后"悄悄地"喝。小辈见到长辈，下级遇到上级，都要鞠躬行礼。

韩国人从小就认为孝敬老人、赡养父母是一种神圣的义务。韩国《东亚日报》的会长金炳表示："在韩国不尽孝就无法在社会上立足。"在赡养父母方面，韩国自古就有由长子负责赡养的规矩，并流传至今。如长子去世，则由次子赡养，以此类推。很多进城谋生的韩国成年人，周末或节假日会返回老家看望年迈的双亲，以尽孝道，这就是我们中国人所说的"常回家看看"。

再来说说韩国的年俗，这是韩国人祭祖尽孝的最直接体现。每年除夕之前，5000万人口的韩国，就会出现一幅数千万大军流动的回乡场面，家家户户都要赶回供奉祖先的长子或长孙家，参加祭祖的"茶礼仪式"。"茶礼"在正月初一的清晨举行。先由主祭者焚香、下跪、叩头，祈求神降，再焚香行初献,接着是近亲行亚献,远亲行终献。然后再由主祭者劝祖先和诸神进酒进食。等到祖先诸神"酒足饭饱"后,祭祀祖先的供品才由全家享用。然后家人间再相互拜年,晚辈向盘膝而坐的长辈下跪叩头行礼,平辈之间则相互跪拜。参加这样正式的仪式,是对孩子的很好的孝道教育,中国的家长要认识到其中的意义。

总之,既让孩子从小明白孝的深层道理,也让孩子从小养成孝的行为习惯,才能培养出孝顺的孩子。孩子懂得怎样去爱父母,也会顺其自然地懂得怎样去爱朋友和陌生人,这就为孩子融入社会、获得幸福打下了非常好的基础。

◎ 方法五:礼仪教育培养人际交往中的自控力

据教育部统计,仅 2016 年 5—8 月,各地就上报 68 起校园欺凌事件,辱骂、嘲笑、勒索、殴打、威胁、孤立,种种欺凌给受害者造成了很大的心理伤害,已经导致多位少年自残或自杀。校园欺凌事件的频发,让很多人反思我们的教育是不是出了大问题。

今天很多家长热衷于让孩子去上奥数班、英语班、围棋班,重视智力开发而忽视对内心世界的教育,相比之下,中国的传统教育 2000 多年来一直以培养人的品德为重点。比如,西南交通大学的教授李里回忆说,外公在他期末考试成绩册发下来后,从来是首先看老师的评语,成绩差了,外公不会说他,要是品行上有不足,就一定会批评教导。

教育为什么要以德为本?道理其实很简单,家长挑选女婿,企业招聘员工,创业找合作伙伴,人品差的大家一定不敢要。尤其是在今天,一个人的丑闻半天时间就能传遍朋友圈和微信群，越成功的人的坏消息传播得越快。

今天盛产缺乏规矩的"熊孩子"，他们长大后很可能没有守规矩的习惯，轻则没有人愿意帮他们，重则人们会和他们作对。因此学校和家长很有必要掌握一些礼仪教育的好办法。

先来看美国的一个著名成功案例。1993年，青年教师麦克·芬博格和戴夫·莱文因为不满当时公立学校的落后局面，利用刚刚通过的宪章学校法案创立自己的学校系统KIPP（知识就是力量项目，The Knowledge Is Power Program）。KIPP不是一所学校，而是一个有着上百所中小学，并仍在扩张的学校群网。

KIPP专门在美国最差的学区办学，学生中90%是黑人和墨西哥裔，87%来自贫困家庭。美国贫困家庭孩子能考上大学的只有8%，而KIPP的毕业生有80%考上了大学。KIPP在其所在的城市比如纽约市的所有学校中名列前茅，而它录取学生时不看学生之前的成绩，而是抽签录取的。这些学生的数学和英文水平比同龄人平均水平落后一到两个学年。以很差的生源创造很好的成绩，这就是KIPP创造的奇迹。

KIPP的教育方法可以归纳为"一个中心，两个基本点"。一个中心，就是一定要考上大学；两个基本点，叫作"Work Hard, Be Nice"——努力学习，好好做人。

在努力学习方面，KIPP的做法很像中国的应试教育，比起普通公立学校，其学生每天要在校园多待好几小时，星期六也要在学校上半天课，暑假也比较短，大量时间花在学习上，他们不仅学到更多知识，也没有时间和邻居家的孩子出去玩。

在好好做人方面，KIPP给学生制定了一系列的行为规范。戴夫·莱文发现，那些最终在大学里成功完成学业的学生，并非一定是KIPP学校里成绩最好的学生，而往往是那些拥有乐观、适应能力强、善于社交等优良品格的人。因此KIPP加强了品格教育，具体包括7个目标品质：坚毅、自控、热忱、社交、感恩、乐观和好奇心。

KIPP的执行能力极强，学校给每个学生都发了卡片，让他们随时记录身边同学做出的符合上述目标品质的行为；老师也会根据学生的表现给他们在这七方面打分，一旦发现短板，就进行个别谈话，还会通知家长，共同研究怎么改进。

在社交能力方面，礼仪很重要。穷人家的孩子与中产阶级家庭的一个明显差距体现在待人接物的水平上。KIPP重视教育学生得体的言谈举止和基本的礼貌。

KIPP不仅要求学生礼貌回应老师的问候与提问，还要求必须执行5个规定动作：坐直，以此体现良好的精神状态及对别人的尊重；倾听，不管是和老师还是和同学说话，都必须仔细听，这样才能促进更深入的交流；敢于提问与回答；点头，要是理解对方在说什么，就要点头，这是一种非语言的信息传递；眼睛盯着说话的人看，一方面是尊重对方，一方面也是加强信息传递。

一般人如果访问KIPP，可能会有受宠若惊的感觉。因为与他对话的学生会非常谦逊地注视着他，用心倾听他的每句话，不时地点头。这样彬彬有礼的学生，让他瞬间有种自己突然变成了一个重要人物的感觉。

KIPP的教育逻辑是：努力学习是学业进程中的自控，好好做人是人际交往中的自控，有自控力的人不论是在学业、事业中，还是在生活中，都不会差到哪里去，因此这是一种改变穷人家孩子命运的教育。KIPP 的礼仪教育理念和方法值得中国学校参考。

再来看中国的礼仪教育方法。中国自古以来就很重视礼仪教育，比如孔子讲"席不正不坐""食不语，寝不言"。孔子认为，教育要从小抓起，因为"少成若天性，习惯成自然"。人在儿童时期心理处于不稳定状态，容易接受正面或负面的影响，如果小时候养成好习惯，善良就好像是天性。

中国传统教育首先是生活教育，小孩子首先接受的教育是"洒扫、应对、进退"这三件事。"洒扫"狭义地讲就是洒水扫地，搞清洁卫生等，从劳动教育入手，以养成清洁整齐的习惯；"应对"是培养社会礼仪，即待人接物方面的礼节教育，礼数对于建构良好的社会秩序和人际关系是必不可少的；"进退"是教会孩子什么时候该你讲话，什么时候不该你讲话，什么时候该你出头，什么时候不该你出头，这是社交方面的大学问。

日本很好地保留了中国古代幼儿教育的精神，以行为教育为中心。日本的幼儿园不怎么进行知识教育，而是通过各种节日的活动，让每个孩子展示自己，学会根据不同场合换不同的衣服，学会微笑，学会向别人说"谢谢"之类的礼貌用语。

那么 21 世纪的家长们该如何在家庭中开展礼仪教育呢？

首先，我们要意识到，没有天生的"熊孩子"。人类是群体动物，每个人天生自带亲社会属性。有很多研究表明，儿童天生就有同情心和团体意识。美国杜克大学一项研究表明，3 岁的孩子已经可以明白承诺和合作的意义了，已经有社会意识和规则意识了。所以，3 岁的孩子就可以开始教他们不要"熊"了。认为孩子还小，还没有规则意识，孩子"熊"就让他们"熊"，长大了就自然懂规矩、懂礼貌了，这是错误的观念。

如何教会孩子基础的社会规则意识？指责或者打骂孩子，并不能帮助孩子认识到规则的意义。家长应该指导他的具体行为，在去公共场合之前，就打好预防针，给孩子设定明确的期望，不断地提醒他"规则是什么样子的"，还要用温和的提醒强化行为，告诉他"该怎么做"。

比如去餐厅前，要告诉孩子不能到处跑或大声说话，因为这样会干扰别人，别人和我们一样，是去享受吃饭的，不希望被人打扰；点完菜要对服务员说"谢谢"，跟陌生人说话要先说"你好"，不小心碰到别人要说"对不起"。这些礼貌用语最好尽早培养，孩子刚开始学说话的时候，就可以教他说"你好""谢谢""对不起"这些词了，经过多年的反复练习与使用，最终会内化为规则，形成规则意识。

如果孩子在吃饭的过程中还是大声哭闹，家长不要在公共场合长篇大论教训他，或者当众打骂他，应该直接离开。这样一方面尊重了这个公共环境下的其他人，一方面也给了孩子一个教训，如果在公共场合胡闹，活动就不能再继续了，同时这也给了双方平静下来的时间，然后再慢慢地教育孩子才会有效。

如果孩子在公共场合的表现还好，也要表扬孩子，以强化孩子的正面行为。表扬要具体到行为，不能简单地说："你在餐厅表现得真好！"而要说："今晚在餐厅吃晚餐时，你没有吵闹，对服务员阿姨也很有礼貌，做得真好！"

除了进行语言教育，更重要的是家长以身作则，不少"熊孩子"是"熊大人"潜移默化中培养出来的。要让孩子跟服务员说"谢谢"，家长首先自己要做到。另外，很多家长在外是注意规矩的，但在家就很随意，比如不注意餐桌礼仪，不跟家人问候和道别，在这样的家庭氛围下，孩子很难内化规则的意义。因此即便在家，家长也要尽量保持一致的礼仪规矩，树立好榜样。

四、表达力：同理心与技巧并重

微软 CEO 纳德拉曾有一次难忘的的面试经历。面试官问："设想你看到一个婴儿躺在街上哭，你会怎么做？"他回答："拨打 911。"面试官说："小伙子，你需要一些同理心。如果一个婴儿躺在街上哭，你应该把这个婴儿抱起来。"

在《刷新》一书中，纳德拉强调了同理心的意义："对于合作和建立关系来说，感知别人的想法和感受是一种至关重要的能力。同理心在机器中难以复制，在人工智能的世界中，它将是无价之宝。"

家长和教师提高孩子的表达力，不仅要重视训练演讲、写作等方面的技巧，还要在同理心方面下大力气。

◎ 方法一：参加演讲课、写作与故事课

根据吴军的观察，中国教育的优势是 STEM 课程，中美教育最大的差距在于语言、写作和人文学科上，美国孩子阅读、写作和表达能力要比中国孩子好很多。那么，怎样提高孩子的表达能力呢？

宋美龄的演讲才能举世闻名，1943年她在美国国会的演讲，让美国议员们多次响起掌声，最长的一次5分钟掌声不停。《林肯传》的作者卡尔·桑德堡在《华盛顿邮报》上撰文："从未见过如此场面，演讲太精彩了。"

宋美龄的表达能力，跟父亲宋耀如积极创造孩子们的实践机会是分不开的。宋耀如在客厅专门开辟了一堵墙，把女儿们的毛笔字、英语作文和画作张贴出来，客人来了，便让孩子们自己介绍作品，发表演讲。兴致来了，还在家里举办辩论会和演讲会。有了这样的家庭环境，宋氏三姐妹都成了演讲高手。宋美龄刚上初中不久，就会用双语演讲，毫不怯场。

演讲是口头表达，写作是书面表达。一位从业30年的美国职业撰稿人、知名科技分析师约翰·伯诺夫（John Bernoff）发表文章称，拙劣的写作每年给美国造成了4000亿美元的损失；81%的职业经理人抱怨糟糕的电邮、报告、备忘录、新闻稿、互联网文章浪费了他们的时间。因此，美国名牌大学很重视对大学生的写作训练。

在哈佛，"英文写作"是对本科生要求的唯一一门必修课，12人一个小班、一个学期要开设70多个课堂，两个学期方可覆盖每年入校的1600名学生。学生们会在写作实践中发现，写不好要么是因为没想清楚，要么是因为材料收集不充分，要么是因为逻辑推理不严谨，或者是因为理论应用不恰当。当这些问题都解决了，文章的说服力就能得到提升。2018年，清华大学也给本科新生开了一门新的必修课——写作与沟通，而且是面向全校，无论你是不是文科专业，都得学。

除了多多实践，增强文学素养也是培养表达力的重要方法。

管理学大师德鲁克研究了20世纪50年代大学中开设的各种课程，

发现对培养管理者最有帮助的是两门文学方面的课程：小说写作和诗歌赏析。

亚里士多德有3种说服方式：情感诉求（情感—故事），理性诉求（逻辑—分析），人品诉求（证据—信誉）。在演讲、写作、营销、聊天中，很关键的一点是要多讲好故事。掌握讲故事（小说写作）的能力，管理者可以把各种事件描述得极具情感吸引力。

神经学有个核心结论：情感胜过逻辑，故事有着以情动人的优势。普林斯顿大学神经学家尤里·哈森研究发现，一个会讲故事的人实际上是把想法、思想和情感植入听众的大脑，讲故事的艺术是在思想交锋中最有力的武器。

从进化心理学的角度分析，我们的老祖宗在洞穴内居住了上百万年，听故事是他们打发时间的基本方式，因此爱听故事成了人的天性。惠普技术专家艾伦·凯认为："通常，我们在会议室里所做的讨论都比较肤浅。其实，我们都只是手提公文包的穴居人，热切盼望着某个智者会给我们讲个故事。"

例如，犹太人很擅长用故事来讲道理，下面就是很典型的犹太德育故事。

在塔诺普尔城住着一个叫费威尔的人。有一天，他正坐在屋子里认真地阅读《塔木德》，忽然听到外边传来一阵嘈杂声。他走到窗前，看到是一大群孩子在吵闹。

"看来，只能耍个小花招骗他们离开这里啦。"费威尔心想，于是，他就朝那群孩子喊了一句，"孩子们，你们赶紧去教堂看看吧，那儿有一个从海里捞上来的大怪物。"

小孩子们一听,立刻就像一阵风似的朝教堂的方向跑去了。费威尔回到书房,一想到刚才对那些孩子编的瞎话,就不禁偷偷地发笑。

但没过一会儿,窗外又是一阵喧哗。他打开窗户一看,几个人正在往街上跑。"你们这是要去哪儿?""去教堂呗!你没听说吗?教堂里运来了一个海里的大怪物,它有五条腿、三只眼睛,还有个山羊似的大脑袋!"

费威尔得意地笑了,然后回去继续读自己的经书。他才刚刚坐稳,又听到外面一阵喧闹声。他往窗外一望,不得了啦,一大群人,男男女女,老老少少,全往教堂的方向跑。

"出什么事了?"他大声问道。

"天哪!怎么,你还不知道吗?"他们回答说,"就在教堂前面有一只海怪。它有五条腿、三只眼睛,还有个山羊似的大脑袋!"

人们匆匆跑过。费威尔先生忽然注意到拉比(犹太教导师、智者)本人也在人群当中。

"天哪!"他喊道,"要是拉比本人也和他们一块儿跑的话,一定是出什么事了,无风不起浪!"

费威尔不假思索地抓起帽子戴上离开了家门。"出了什么事呢?"他一边自言自语地问,一边气喘吁吁地朝教堂跑去。

故事的说服力已经被无数次证明,因此3M公司为其高层管理人员开设了讲故事培训班;宝洁公司聘用好莱坞电影导演,培训高管如何更好地讲故事;摩托罗拉的员工在工作之余,会参加"即兴表演"戏剧小组,以提高自己讲故事的能力。

讲故事的能力的确是可以通过培训得到显著提高的,因为讲故事是有"套路"的。例如,美国好莱坞经常用下面3步构建起一个故事:1. 用一个问题，或者出人意料的挑战，抓住听众的注意力；2.通过讲述一个从陷入困境到最终战胜挑战的故事，给听众一种情感上的体验；3.号召听众付诸行动。

再来看诗歌赏析的用处。在说服别人的时候，"晓之以理不如动之以情"，诗歌赏析能够培养管理者感染和影响他人的能力，比如丘吉尔、马云等管理者的演讲就特别能打动人，他们的口才在争取资源和支持方面立下了汗马功劳。

良好的文学素养，提高的不仅是沟通的技巧，还有沟通的根基"同理心"（移情力/共情能力）——你能站在对方的角度去思考问题，尽管你未必同意对方的观点。

管理学家肖知兴总结道：世间各行各业拼的都是共情能力。最优秀的老师要换学生的位，最优秀的医生要换患者的位，最优秀的侦探要换歹徒的位，最优秀的管理者要换被管理者的位，所有的行业里面，换位思考、换位感受能力，共情能力最强的职业是哪个职业？大家猜一猜。你们一般都想不到这个职业，这个职业是作家。

你想想，曹雪芹写《红楼梦》，里面975个人物，每个人物张嘴说的每一句话，就是这个人说的话，这得要这个作家多强大的换位思考能力啊！所以大多数文明国家钞票上印的是什么？印的是他们国家最优秀的科学家、最优秀的作家。因为他们代表文明，他们是一切的基础。

◎ 方法二：父母平等沟通而不是单方面说教

中国很多中产阶层及富裕阶层家庭的父母，是个人奋斗获得成功的典范。他们有两种典型的教育倾向：娇生惯养派或自强不息派。

娇生惯养派的心理是，我们吃这么多苦，就是为了孩子不再吃苦，因此对孩子有求必应，学习好不好无所谓，到时考不上国内的好大学就花钱去欧美读书镀金，回国后给他介绍一份稳定的工作，房子、车子也都给他买好了。

这个流派的主要问题是社会在急速变化，父母想要让孩子一生生活在温室，风险很大，万一出现始料不及的变化导致温室不复存在，孩子的自我生存能力会很弱，爱孩子反而害了孩子。中国传统教育绝不倡导对孩子娇生惯养，正是出于这方面的考虑。

自强不息派主要是从自己的人生经历中获得了启发，想让孩子复制自己的成功模式，在激烈的社会竞争中拥有一席之地，过有意义的一生。

这个流派的主要问题是喜欢把自己的意志强加于孩子，不懂得平等沟通、自由发展的道理。

清华大学心理学讲师李松蔚有个学霸师兄，他做到一家战略咨询公司的副总裁，多次帮助各种500强级别的客户排忧解难。这样的精英人物却管不住自己上小学的儿子彤彤，为了彤彤的学习，甚至准备让同样是名校毕业、事业有成的妻子辞职，多花时间在孩子身上。

李松蔚看到他们的家庭教育，大体上是每隔一小会儿就进彤彤的房间看看，免得他又开始玩游戏了，父母训斥、孩子抗辩的情节天天上演。

李松蔚的师兄师嫂之所以这样时刻监督也是没办法。他们早已试过各种方法，给彤彤报补习班，请一对一的家教，效果都不好。老师说孩子上着上着课就两眼放空，神游物外，这时候说什么都白说。一写作业就磨蹭，写几个字就开始发呆，讲过的题过几分钟就忘。要说彤彤注意力不集中呢,看起动画片来几小时都没问题。打也打了,骂也骂了,道理都讲烂了,总不能揪着耳朵逼他学吧。也只有父母守在旁边,才镇得住一点。因此,他们夫妻俩只能有一个暂停自己的职业生涯,每天盯着孩子学习,只有这样才能补上以前管得不多的缺憾。

为什么要做到这种程度?因为今天的教育竞赛已经远远超过了20世纪八九十年代。李松蔚的师兄说:"现在这些家长个个都抓得紧,很多东西老师上课都不教,别的孩子全会。你家孩子一跟不上,就对学习没兴趣了,一步慢,步步慢。"

李松蔚认为,师兄师嫂的主要问题是,他们一直在自责:"我"这里做得不够,"我"那里做得不够,"我"试过一切方法,他就是不肯好好学,"我"还能做啥?显然,他们认为,父母要为孩子的学习承担100%的责任。我做好了,孩子就好了。

学习首先是孩子自己的课题。教育家叶圣陶说,教育是农业,不是工业。养孩子不是像工厂那样照着图纸施工,只要你操作正确,最后就搭建出来了。孩子不是工业品,是活生生的人,养孩子更像种花,盖上土,浇上水,还要一段等种子自己发芽的时间。

因此,李松蔚认为现在流行的教育理念是偏颇的:孩子怎么想怎么做都不重要,父母才是他人生(至少前半程)的主角,孩子只是一个没有主见、不明是非,也没有能力为自己负责的人。

李松蔚的解决方案很简单,听听孩子自己的立场。当着师兄师嫂的面,他跟彤彤聊了一次。

"你其实一点都不喜欢学习,是不是?"我问他。"也还好……"他犹豫地看着父母。师兄师嫂鼓励他:"你怎么想的,就怎么说。""你喜欢做的事是什么？"他笑起来："打游戏。"师兄立刻哼了一声："你能打一辈子游戏？"我看了他一眼，他收住了。——你看，他已经在改了，但还会习惯性地替孩子做判断。

"万一彤彤以后做职业选手呢？"我不软不硬帮孩子顶回去。彤彤摇头："我做不了职业选手，那个很辛苦。"你看！他居然是考虑过的。"所以你有没有想过将来干什么？"彤彤吐了吐舌头，不说话。师兄说："他哪里会考虑这些。""做有意思的事。"彤彤挠头。"做什么事都要先考大学。"师兄不失时机地说。我又一次盯住他。我转向彤彤："具体说呢？你想做什么？"

"我想做……"他脸红了，"导演。"师兄和师嫂对视了一眼，表情惊讶。彤彤从来没跟他们说过这个想法。"当导演你得先考……"师兄说了一半，这次被师嫂拦住了。我问彤彤："你知道要怎么当导演吗？"彤彤点头说道："不是电影导演，我就想拍一些搞笑的短视频。很简单，自己拍自己剪，传到网上就可以了。一开始不赚钱，我就是觉得有意思。"

"你了解了这么多！那你第一步的打算是什么？"他的父母直直地看着他，就像初次见面一样。他说："我想要一台自己的微单。"我拍了拍师兄的肩："听到没？现在，你可以跟你儿子谈条件了。"

这样愿意牺牲事业，尽心尽责陪伴孩子的父母，居然从未听到过孩子的梦想。这样的现象在不少家庭普遍存在。

我们在饭店或旅途中，有时能看到非常无效的教育情景。比如，父亲一直跟儿子讲成功学，从马云、任正非讲到美国的贝佐斯、马斯克，告诫儿子要好好学习，不能一事无成。儿子开始在玩手机游戏，后来索性假装睡觉。孩子在父亲面前树起了一道屏障，他们之间是隔绝的。父亲进不去孩子的世界,他的话题孩子不关心。父亲越用力,孩子离得越远。

通畅的交流与沟通是一切关系的基础,用平等沟通的态度,和孩子多聊聊,孩子才会说出自己的梦想,然后父母根据孩子的兴趣和天赋提供帮助,这样的家庭教育才是有效的。

家长要克制单方面的说教,学会这样的沟通方式:当孩子说自己不喜欢学习,就问问他喜欢什么;当孩子说喜欢做明星,就问问他有没有想过具体怎么做;当孩子说讨厌父母管他时,问问他如果父母不管,他有什么打算或计划……在人生志向上,孩子才是自己生命的主角,父母要当好配角,不能以爱之名,喧宾夺主。

来看一个做儿童教育的父亲是怎样跟孩子沟通的。有一天他13岁的女儿说:"我想自杀。"他淡定地回答:"活着确实辛苦。不过,青少年自杀是要上社会新闻的。大家都会猜测我们虐待你,是狠心又愚蠢的狼妈虎爸。爸爸说不定连工作都得丢,毕竟我是老师。唉,又没办法跟人解释,我只是尊重女儿的选择,这是教育工作者应该做的……"他认真的可怜样把女儿逗笑了。

她女儿觉得老爸很厉害,能让孩子释放负面情绪;她的同桌也跟父母说过要自杀,父母发疯似的骂他,他妈边哭边打了他一个耳光,这样的教育方式无法让她的同桌感到温暖与爱。

后来这个进入青春期的女儿跟他无话不谈。他很自豪,真正成功的家庭教育,是孩子即使到了青春期,还愿意跟父母好好说话。这需要父母真正具备平等沟通的精神,不然爱会变成牢笼。

再来看一个做自由撰稿人的妈妈艾小羊是怎样跟孩子沟通的。她儿子小学的时候,想把一个欺负他的同学杀了。看他气得脸都歪了,艾小羊立刻说："他这么坏,全班人都想把他杀了吧？""妈,你太天真了,还有好几个女生喜欢他呢。""哇,怎么个喜欢法儿？"那天的谈话,从孩子想杀人开始,到害羞地跟妈妈说喜欢班里一个会唱歌的女生结束。后来他跟那个欺负过他的男生成了朋友,自豪地宣布,掌握了与爱打架男生相处的秘诀。

孩子愿意跟父母讲心里话,说明他还是和父母亲近的。孩子在父母面前表露出的脆弱、阴暗,是撒娇、试探、发泄,更是他们独特的沟通方式。此时父母要珍惜这份信任,首先要认同和接纳孩子。父母认同孩子,孩子才会认同父母。孩子认同父母,才听得进去父母的引导与建议。

要让孩子有很好的沟通能力,父母首先要在教育过程中体现出很好的沟通能力。父母以身作则践行平等沟通,孩子也能在潜移默化中掌握这个最基本的沟通原则。

◎ 方法三：养成非暴力沟通的习惯

《孙子兵法》认为,和平不仅是战争的最终目的,而且是战争的最高手段。"是故百战百胜,非善之善者也；不战而屈人之兵,善之善者也。故上兵伐谋,其次伐交,其次伐兵,其下攻城,攻城之法为不得已。"即便在最暴力的人类行为——战争中,非暴力也是首要原则；我们在生活中,更要具备非暴力沟通意识。

什么是非暴力沟通意识？一位妈妈介绍的案例非常典型。

博文因为学习好,再加上参加各种各样的活动,家里的柜子里摆满了各种各样的奖杯和奖状。有时候,朋友来家里做客,他们看到奖杯和奖状后，就情不自禁地说"哇"表示赞叹。

我看到别人这样夸我的儿子，我也觉得很自豪。我就忍不住当着他们的面夸儿子几句。事后，他说："妈妈，你不应该在客人面前夸我。你想一想，当另外一个母亲听到你夸自己儿子的时候，他的儿子没有得到这么多奖杯，她心里能舒服吗？"

有的时候，他的朋友走了以后，我就说，这个男孩长得不好看啊，怎么那么年轻就留着大胡子；或者说，这个女孩不如那个女孩儿长得好看。他听了以后冷静地说："妈妈，你不应该这样评价别人，你对他人无法改变的东西进行评价，这是不善良和冷酷的行为。"

马歇尔·卢森堡博士是心理学大师卡尔·罗杰斯的弟子，他在《非暴力沟通》一书中揭示了一种现象：我们很多所谓的沟通里都充满着大量的暴力因素。言语上的指责、嘲讽、否定、说教以及任意打断、拒不回应、随意出口的评价和结论给我们带来的情感和精神上的创伤，甚至比肉体的伤害更加令人痛苦。这些无心或有意的语言暴力让人与人变得冷漠、隔阂、敌视。

印度圣雄、非暴力倡导者甘地的孙子在这本书的序言中对此进行了解读：

和祖父在一起的日子里，我意识到什么是真正的非暴力以及认识自身暴力的重要性。由于缺乏了解，我们常常认识不到自身的暴力。我们认为，只有打人、鞭挞、杀人以及战争等才算是暴力，而这类事与我们无关。

为了加深我对暴力的认识，祖父让我画一棵树，类似家族树，用以描述暴力的根源。他认为，认识暴力，有助于理解非暴力。每天晚上，他和我一起分析我一天中的经历——我的所读、所看、所做。如果某个行为涉及使用武力，就把它归到暴力之树"身体的暴力"那一边；如果主要造成精神伤害，那就归到暴力之树"隐蔽的暴力"那一边。几个月后，我房间的一面墙上就写满了各种"隐蔽的暴力"。与"身体的暴力"相比，它们的危害性不那么明显，但祖父认为它们更为有害。他解释说，归根结底，是"隐蔽的暴力"激怒了受害者，使他做出暴力的反抗——不管是以个人的名义，还是以团体成员的名义。如果看不到这一点，我们为促进和平所做的努力，要么徒劳无功，要么昙花一现。不切断地狱之火的燃料供应，怎么可能成功灭火呢？祖父反复强调在交流中运用非暴力原则的重要性。

实践非暴力沟通，第一要抑制自己的暴力倾向，让自己的反应尽可能调试到能体会他人的感受和需要的波段。

比如，父母与孩子出现了矛盾冲突，坐在一起进行一次沟通。父母要先"体会他人的感受和需要"，对孩子做个检讨："由于各种原因，当然，其实也算不上什么原因，尽管这不是我的本意，但我对你的关心明显减少了，跟你相处的时间也越来越少，我特别怀念以前我们在一块儿玩游戏，我给你讲故事、做游戏的欢乐时光，所以我觉得有必要跟你好好沟通一下。"

孩子本来以为会被父母教训，会听到一堆"告诉你""我跟你讲""你知道吗"这样带有暴力色彩的口头禅，他已经做好反击的准备。如果交流时不顾及孩子的情绪，交流就会完全无效。上面父母开场的这番检讨可以给孩子提供安全感，打消孩子的戒备心理。只有在孩子感觉安全时，他们才听得进去父母的话，并说出自己心里的想法。

第二，家长要就事论事，不能把孩子的一个错误归结为他的品质有问题。比如，不能对这个孩子说"你怎么这么馋""你怎么这么粗心"。这样贴标签会给孩子造成不良的心理暗示，因为品格是很难改变的。

批评时要跟孩子讲具体的道理，让孩子明白自己错在哪里。比如，吃太多零食会影响吃饭的胃口，对身体不好，个子也会长得慢；再比如，跟孩子说："你刚才把这杯水放在桌子边上，它容易掉下去"，而不是简单地把他评价为粗心之人；当孩子由于情绪紧张，考试失利，家长不要简单地指责孩子太笨，不是读书的料。

第三，批评时要告诉孩子怎么改正。家长必须询问孩子"为什么会这么做"，耐心地倾听孩子的声音，这样可以摸清孩子犯错的前因后果，有利于找出改正的方法。比如说一个孩子帮助家人收拾碗筷，因为油腻碗滑，不小心打破了好几只碗；另一个孩子是因为偷吃了不允许多吃的果酱而打破了一只碗。同样是打破碗，针对他们的改正措施显然是不一样的。

第四，要一对一批评。儿童心理学家曾说过，2岁的孩子已有明确的自我意识了，有了自我，渐渐地就有了自尊心。当着众人的面批评会让孩子的自尊心受到很大伤害，有的时候他们还会离群独处，甚至出现攻击性的行为。

第五，孩子改正之后要奖励。比如，一个儿童在公共场合大声喧哗，家长批评了他，第二次他又在公共场所，但没有大声喧哗。对儿童来说，兴奋比抑制容易，受到奖励而再做类似的行为，比受到批评不再做类似的行为，要容易得多。所以孩子有错就改应该受到奖励，这能够使儿童认清对与错，达到教育的目的。

非暴力沟通是学习做家长的重要一课，是家长心灵成长的过程。这不仅对孩子的心理健康有益，也能为他的表达力打下健康的根基。

五、意志力：强烈的求生欲与自控力

国学大师梁启超的父亲从小就严格要求他，不仅要刻苦读书，课余还要帮家里在田间干活，决不允许他"做游手好闲之人"。梁启超自己也是个严父，比如梁思成、林徽因夫妇从美国学成归国后，梁启超建议儿子和儿媳不要选择生活舒适的清华园，而是去条件艰苦的东北大学任教。

梁启超之所以高度重视意志力的培养，是因为他认为意志力是战胜人生一切挫折的武器。接下来我将介绍古今中外关于意志力的研究与思考成果。

◎ 方法一：自控意志的开源节流

美国佛罗里达州立大学心理学教授罗伊·鲍迈斯特和《纽约时报》科学专栏作家约翰·蒂尔尼合著的《意志力：关于自控、专注和效率的心理学》一书，进行了大规模统计，以分析到底什么品质对成功最重要。

罗伊·鲍迈斯特采用的科学分析方法，是把所有可能有用的品质都列举出来，找很多人进行测试，看看每个人都有些什么品质，然后看看哪些人是生活中的成功者。有了这些数据之后，只要考察那些成功者都有而不成功者又没有的品质，就知道决定成功的可能品质是什么了。

罗伊研究发现，外向、内向、幽默、严肃，这些品质与学习成绩没有因果关系。真正能左右成绩的只有一个品质：自控。自控力是当面对诱惑和冲动时，我们能够有意识地控制自己的情绪、认知和行为的能力。

能自控的学生，该上课的时候就去上课，该写作业就写作业，多花时间学习少看电视，这个品质就是学业成功的秘密。在职场上，能自控的人不仅工作做得更好，也拥有更好的人际关系，因为他们更善于控制自己的情绪。

研究者普遍认为，排除智力因素，不管你想要的成功是个人成就、家庭幸福还是人际关系，决定成功的只有自控。最主要的个人问题和社会问题，核心都在于缺乏自我控制：不由自主地花钱借钱，冲动之下打人，学习成绩不好，工作拖拖拉拉，酗酒吸毒，饮食不健康，缺乏锻炼，长期焦虑，大发脾气……自制力差几乎与各种人生悲剧都有关：失去朋友，被炒鱿鱼，离婚，坐牢……

最有力的研究证据发表在2010年。一个国际研究团队付出很多年的艰辛做了一项规模和深度空前的长期研究：在新西兰选取了1000名儿童，从他们出生一直跟踪调查到了他们32岁。每个孩子都测了自控力，测评方式多种多样（综合考虑了研究者的观察以及父母、老师和孩子自己报告的问题行为），这样得到的分数比较可靠。

研究者探求童年时期和青少年时期的自控力得分与成年时期的多个结果变量之间的关系，得到了几点发现：自制力强的孩子长大成人后身体更健康，患肥胖症的概率更小，患性传播疾病的概率更小，出现酗酒与吸毒问题的概率更小，连牙齿都更健康，因为自控力强的人刷牙更勤快。自控力差的孩子长大后经济状况更差，工资相对更低，银行没有什么存款，拥有房子或者存养老钱的可能性更小；他们更可能成为单亲父母，这可能是因为他们不够自律，很难维持长期的婚姻关系；他们进监狱的可能性更大。自控力最差的那组，超过40%的人在32岁之前犯了罪，而青少年时期自控力强的那组，这一比例只有12%。

自我控制的意志力（自控力）是至关重要的一个力量，是人生成功的一个关键。这个研究结论与中国传统智慧高度吻合。孔子说："克己复礼为仁。"老子说："胜人者有力，自胜者强。"因此传统的中式教育是比较强调自控的，这是值得今天的教育者继承的宝贵遗产。

万维钢指出，看中式教育理念行不行的科学办法，是考察那些生活在传统中式家庭，又同时在美国上学的孩子。尽管亚裔只占美国人口的4%，亚裔学生却占到斯坦福之类顶级名校学生总数的1/4。亚裔不但比其他族裔有更大比例获得大学文凭，他们毕业后的工资也比平均水平高25%。一般人把这个成就归结为亚裔的智商高，但统计表明同样是进入一个科学之类要求高智商的行业，白人需要的智商是110，而亚裔只需要103。

亚裔靠的是意志力。有实验发现中国小孩从2岁开始就比美国小孩有更强的自控能力。可能是基因的问题，因为中国的多动症儿童比美国少得多。也可能是传统的问题，因为中国父母更早要求孩子控制大小便。不管是什么，中国文化虽然不怎么擅长科学思维，也不太明白意志力到底是怎么回事，它却在意志力的实践上遥遥领先。这难道不是我们的优势吗？那些全神贯注听讲的小孩，比每隔3分钟就得吃点零食的小孩酷多了。

孩子自控力差是普遍问题，因为大脑中负责自我控制的额叶区成熟得比较晚。研究发现，成人和小孩在处理自控上运用不同的脑区，想发展出成人的自控力需要时间。但自控力是可以培养的，研究发现，通过改进孩子的自我控制，可以帮助容易分心的孩子做好入园准备，提高他们之后的数学等成绩。

那么家长怎样帮助孩子提升自控的意志力呢？

第一，家长不能对孩子的不良行为过度宽容。

在美国，在体育、音乐上出色的孩子，长大以后绝大部分都不会以体育和音乐为职业，但往往会在自己的事业中非常成功。这是为什么呢？

薛涌分析认为，体育也好，音乐也好，对于孩子的人格品性，特别是意志力，有着深刻的塑造。在任何运动中有卓越表现，或精熟任何一种乐器，都必须经受长年累月的训练，遵守严格的纪律，面临严酷的挑战。今天的美国教育过分强调保护孩子的自尊，老师对孩子们不敢随便批评，否则很可能被家长投诉。敢对着学生大喊大叫、严厉斥责的，大概只剩下运动场和练琴房。在这两个地方培养的品格，使孩子们的综合素质超过了一味被表扬的同龄人。

2013年的一项针对学龄前儿童的研究发现，那些容易忽视孩子的不良行为，或者面对孩子的要求有求必应的父母，也叫宽容型的父母，他们的孩子自控力更容易出问题。还有很多研究发现，这种宽容教养下的孩子，长大后更容易出现社交方面的问题，因为他们从小就没有学会自我克制。

第二，意志力是有限的，做不同的事情都要依赖意志力，用了就会损耗，所以，最好一次专注做一件事，比较容易达成目标。这方面有3个小窍门。

首先，孩子写作业的时候坐不住，容易分心，时刻想出去玩，想让孩子专心，父母可以教他们用时间词汇放大未来的优势，这样他们更能控制现在，坚持下去。比如说："这些作业马上就能写完了，写完作业你就能出去玩，到时候再也不用想作业的事情，你可以尽情地玩，那得多开心啊！"

其次，对孩子来说，冲动的诱因无处不在，父母要尽量降低环境中的诱发条件。比如，玩具没有在规定时间收拾好，摆得一地都是，这对于孩子来说就是很大的诱惑。这就像戒烟的人家人不应该有烟，减肥的人不应该在房间里放零食。

最后，家长希望孩子做好的事很多，但任何一个小决定，都会用掉一点意志力，这不符合专注原则，养成习惯就可以少用意志力，留下宝贵的意志力来处理更重要的事。比如锻炼身体，最好的方法就是每天坚持一定的运动，固定下来。让孩子养成按时作息和吃饭的习惯，对于增强意志力也很重要。

第三，意志力可以强化，它就像肌肉一样，用多了就会疲累，这就是为什么人们在一段时间内特别难以抑制诱惑，但是意志力通过经常锻炼就可以增强。

通过假装游戏锻炼意志力是个不错的办法。因为孩子玩假装游戏的时候，是从第三视角来看待问题，会更加冷静、理性，也能找到更多解决问题的方法。美国有学者做过一项研究，让4岁的孩子玩一个复杂的开锁游戏，看看他们能坚持多久。研究者给一组孩子戴上蝙蝠侠的头饰，让孩子们想象自己是蝙蝠侠在开这个锁，另外一组是常规组。结果假装自己是蝙蝠侠的孩子们会花更多时间研究开锁，也会试更多不同的方法。

研究人员把这个结果取名为"蝙蝠侠效应"，孩子都崇拜英雄，一个简单的假装游戏，就能让孩子产生这么大的改变（所以给孩子多读英雄故事很有必要）。

孩子很容易把自己带入角色中去，如果教师让一个小孩尽可能安静地站着，他可能坚持不到一分钟。但如果教师让他假装在守卫一座城堡，他就能坚持很久。

第四，强化意志力还有个简单实用的办法——及时补充糖分。

意志力其实是一种生理机能，它就好像人的肌肉一样每次使用都消耗能量。比如，很多夫妻工作特别忙碌，下班后经常为了一点鸡毛蒜皮的事儿吵架，因为他们的意志力在工作中都被耗光了，回家就不会再去控制自己的情绪。葡萄糖就是意志力的燃料，当孩子的意志力亏空时，赶快补充葡萄糖，不妨吃点饼干或者喝点果汁。

《意志力》作者鲍迈斯特曾主持过一个著名实验。作为受试者的学生们被要求饿着肚子来到实验室，然后他们被随机地分为3组。他们的任务是做几何题，这些题其实都是无解的，实验真正测量的是他们愿意在题目上坚持多长时间才放弃。控制组的学生直接做题，他们平均每人坚持了20分钟。

两个实验组学生在做题之前，被带到另一个房间，面对刚烤好的巧克力饼干以及一些萝卜。第一组学生可以随便吃饼干，但第二组学生只能吃萝卜，他们需要强大的意志力才能抵制饼干的诱惑。然后这两组学生都被带去做题，结果饼干组跟控制组一样坚持了 20 分钟，而萝卜组只坚持了 8 分钟——他们的意志力在抵制饼干的时候被消耗掉了。

鲍迈斯特还做了另一个实验，如果在实验过程中给受试者喝一点含糖的饮料，比如果汁，他们的意志力就会增加。因此研究者推断人的意志力能量来自血液中的葡萄糖。这方面的证据不少，比如低血糖症患者的意志力就比较弱，研究发现他们很难集中注意力和控制自己的负面情绪。

第五，既然意志力是有限的，每次使用都会被消耗，那么早晨起来应该是一天里意志力最强的时候，家长要让孩子养成把需要耗费意志力的事安排在早上的习惯。研究发现，上午 10 点 30 分以前做完最重要的 3 件事是最简单、高效的自我管理技巧。这和古人所说的"一日之计在于晨"不谋而合。

◎ 方法二：勤俭养娃提升求生意志

中国有句老话——"富不过三代"，我们在新闻中确实也常常见到坑爹、败家的富二代、官二代。怎样才能避免这样的悲剧呢？不少人听说过"勤俭持家，俭以养德""成由勤俭败由奢"等流传千古的格言。2006 年提出的"八荣八耻"里也提倡勤劳简朴的生活理念，比如"以辛勤劳动为荣、以好逸恶劳为耻，以艰苦奋斗为荣、以骄奢淫逸为耻"。

但有很多家长想不通，为什么我辛辛苦苦挣了钱，却还要让我的孩子过勤劳节俭的苦日子呢？我拼命挣钱不就是为了让孩子不再受苦吗？这是个非常好的问题，值得所有家长认真思考，只有想得通才做得到。

今天我把自己的一点学习心得和大家分享一下。

清朝的名臣曾国藩曾任两江总督和直隶总督，俗话说"三年清知府，十万雪花银"，曾国藩位高权重，家里绝对不缺钱，但他认为子女教育中，"勤"是第一要义。他不断告诫子女：要勤理家事、勤奋学习、勤劳工作。

曾国藩从不允许子女睡懒觉，在家里男的要扫地、种菜，女的要做饭、织布，妻子和女儿住在两江总督府时，曾国藩规定她们白天下厨做饭，晚上纺纱织麻，而且天天如此。他还写信给儿子曾纪泽，要他每天起床后，衣服要穿戴整齐，先向叔伯们问安，然后把所有房子打扫一遍再坐下来读书，每天要练1000个字。

曾国藩还禁止生活奢侈，一家人吃饭时，只有一个荤菜，有客人来，荤菜才会增加。他自己的穿戴就是一件青缎马褂，一穿就是30年。他在京城见到世家子弟一味奢侈腐化、挥霍无度，便不让子女来京居住。他的原配夫人一直带领子女住在乡下老家，门外不许挂"相府""侯府"的匾。

曾国藩为什么要这样做呢？因为他认为人的本性有好逸恶劳的一面，如果父母蓄积足够的钱财让子女随便花销，子女必然会选择享受而不是奋斗，好吃懒做的结果就是一事无成、败坏家业。

曾国藩曾留下16字箴言："家俭则兴，人勤则健；能勤能俭，永不贫贱。"勤奋、俭朴的家风使得他的子孙后代中人才辈出。

香港企业家、中原集团的创始人施永青也有同样的教育理念。2008年，施永青将他持有的中原集团的全部股份捐赠给施永青慈善基金，这笔捐赠在当时估值45亿港元，主要用来帮助内地的农民摆脱贫困。此后，他又将个人持有的《am730》报社的股份全部捐出。

为什么施永青做慈善要做到这种地步？一方面是因为他对社会公平的终身信仰，另一方面他是为了教育子女。施永青觉得，中国人习惯把自己赚来的钱留给子女，但其实钱多反而害了他们。中国人有句老话，叫作"难得少年穷"，年轻人如果一开始就有太多钱，就会没有心思读书，不愿意个人奋斗。

施永青在博客中写道，想要孩子用功读书，不能单靠督促他们，还要给他们一个一定要努力的环境。所以他在大女儿很小的时候就告诉她，父母的钱都不会留给她，需要钱必须自己去挣，因为爸爸赚的钱要捐出去做一些有价值的事。现在他把钱都放进慈善基金，就是明确告诉自己的儿女，钱不给你们了，爸爸全都给慈善基金了，那孩子们就会知道，自己必须好好读书才行。

施永青的大女儿直到上了中学才知道，原来别人的爸爸不用把钱都捐出去做慈善，但她还是支持施永青的做法。她从国外名牌大学毕业后，自己出去找工作，靠自己的收入生活，刚开始的时候工资不高，她就天天坐公交、地铁上班，中午为了省钱自带盒饭，衣服也买普通牌子。她不但不向父母伸手要钱，每月还会从不多的薪水里拿出几千块钱给妈妈补贴家用。

亿万富翁的女儿过这样的生活让人觉得不可思议，但施永青不仅不认为自己"抠门"，反而觉得这样做女儿才会更快乐。他认为，女儿这样生活，一旦加工资时就会很开心，因为加工资能确确实实地改善她的生活。施永青说，他的一位朋友的儿子开始工作，家里每月给他补贴，他一个月工资1万元，但要花四五万元，即使第二年加了一两千元的工资，孩子也不觉得开心，因为加了工资也不能改善生活。

施永青让孩子勤劳节俭源于他的哲学观念,他认为,上天给所有生物赋予了宝贵的求生意志,父母给太多的钱只会腐蚀子女的求生意志。

什么是求生意志?即便在伊拉克摩苏尔的纷飞战火中,天真的孩子仍在小巷子里踢足球,商贩仍在摆摊卖东西,孕妇仍然要生孩子。生活再怎么悲惨,人们都会努力不懈地生存下去,这就是人类最宝贵的求生意志。

施永青曾写过一篇文章《时下的年轻人是否还有求生的能力?》,他在文章中说:

我相信,生于忧患的人,才会对自己所处的环境特别关怀,他们知道危机四伏,必须打醒精神留意身边发生的事,不然就会反应迟钝,或者选择错误,这些都是可以致命的。可惜我们的子女都不会有这样的感受。他们的生活太安逸了,一点危机感也没有,所以他们可以对一切都漠不关心,(旅行时)连窗外的风景也懒得看。

不只我的子女如此,很多时下年轻人都有被宠坏之嫌;我真担心,一旦环境出现异变,他们是否还有求生的能力?我眼中的世界,就从未有过永恒安逸的保证。

美国也越来越多地出现被宠坏的年轻人。加州大学洛杉矶分校的精神病医生保罗·波恩,在临床实践中发现,很多父母会尽一切可能避免孩子体验到哪怕一丁点的不适、焦虑或者失望。当孩子长大,面对正常的挫折,就以为事情严重出错了,不知道怎么应对。

保罗·波恩举了个典型的例子,当学步的幼儿在公园里被石头绊倒,还没来得及哭呢,一些父母就会飞扑过来,抱起孩子,开始安慰。正确的做法是给孩子一点时间,让孩子先把握跌倒的挫折感,并且试图自己爬起来，多数情况下孩子会自己应付得很好。然后父母再过去安抚。这样孩子就能学习到："刚才有一秒钟挺吓人的，但我现在没事儿了。如果有不快的事情发生，我能自己摆平。"

保罗·波恩认为，这就像身体免疫系统发育的过程，父母得让孩子接触病原体，不然身体不知如何应对进攻，孩子也需要接触挫折、失败和挣扎，以促进精神免疫系统的发育。因为越来越多的父母习惯于为孩子铺平道路，孩子遇到任何不快就立即出手，过度的保护导致他们长大后非常脆弱，稍稍碰壁，就有可能"碎掉"。

今天的父母确实有必要学习施永青的忧患意识。当今世界并不太平，金融风暴、地区战争、恐怖袭击、突发疫情此起彼伏；随着人工智能的崛起，越来越多的专家学者担忧智能机器会导致大量人类劳动者失业。不过度保护孩子，培养孩子勤劳简朴的习惯，让孩子保持旺盛的求生意志，是应对变幻莫测的未来世界的最佳策略。

六、自省力：明确准则与静心觉察

《老子》："知人者智，知己者明。"鲁迅在小说《一件小事》中表达了类似的观点："我的确时时解剖别人，然而更多的是无情面地解剖我自己。"解剖自己（自我反省）不仅有利于持续进步，还可以深刻认识人性，正如马克思曾多次引用的古罗马名言所指出的："人所具有的我都具有。"人性相似，清醒地认识自己，有助于清醒地认识他人。知己知彼，是领导者用好人才的基础。

那么如何发展孩子的自省力呢？自古以来强调自省的中国人，发展出的方法值得参考。

◎ 方法一：以身作则，改过自新

《三字经》中说："养不教，父之过。""养"主要是养孩子的身体，"教"主要是教孩子的心灵。孩子的自省能力是后天逐步培养出来的，初期需要家长和老师教导及批评，以帮助他们建立言行的准则——改过自新的前提是知道什么是对，什么是错。

宋朝史学家司马光说："为人母者，不患不慈，患于知爱而不知教。"意思是说做母亲的人，谁都不会担心她不慈爱，担心的是她只知道慈爱而不懂得教育孩子。对孩子百依百顺，看到孩子有不良行为却不教育，听之任之，甚至姑息纵容，这样的母亲是不合格的。

今天的中国教育向西方学习，开始注意保护孩子的自尊，老师批评学生的现象减少了，父母们也更多地表扬孩子的各种优点，但凡事过犹不及，不能发展到对孩子只能表扬、不能批评的地步，要知道美国已经在反思对孩子自尊心的过度保护了。

家长和老师批评孩子是有个前提的：自己也并不完美，得给孩子树立承认错误、改过自新的榜样。

哲学家黑格尔有个通俗的比喻：一棵树出来的是花蕾，花蕾后面要出来的是花朵，花朵否定了花蕾，然后果实又出来否定了花朵，只有不断的自我否定才有不断的自我前进。因此认错改过没什么丢脸的，反倒是孩子的正面榜样。

民国时期著名教育家张伯苓在南开中学担任校长时，亲自担任"修身课"也就是思想品德课的老师。有一次张伯苓看到有个学生的手指焦黄，他猜测这个学生一定经常吸烟。于是，他严肃地对这个学生说："你的手指是吸烟熏黄的吧？吸烟有害，应该戒掉！"不料，这个学生盯着校长的烟袋反问道："您不是也吸烟吗？怎么说我呢？"

张伯苓被问得无言以对，让人把自己所有的吕宋烟全部取来，当众销毁，还折断了自己用了多年的烟袋杆，他诚恳地说："从此以后，我与诸同学共同戒烟。"看到年过半百的老校长坚决的态度，同学们既感动又内疚，纷纷说道："校长，我们以后不再吸烟了，您就不用戒了。"

张伯苓说:"不这样做不能表示我的决心。"从此,张伯苓再没有吸过烟。

张伯苓有着"要教育孩子,首先要教育好自己"的理念。如果教育者教给孩子各种言行准则,自己犯错却没有自我反省、改过自新的能力,会给孩子的自省力发展带来负面的影响。

◎ 方法二:锻炼觉察力,提升自省力

儒家有着自省的传统。《论语·学而》记载着:"曾子曰:'吾日三省吾身——为人谋而不忠乎?与朋友交而不信乎?传不习乎?'"

湖南省桃江县石牛江中学组织学生撰写"日省",引导学生塑造心灵,省教育厅教育专家翻阅一则则"日省"后说,这就是一部"乡村少年成长史"。

所谓"日省"就是学校统一分发笔记本,组织学生在每天下晚自习前15分钟,"反省"一天的学习、生活,记录下自己的成长经历及心灵感悟。180班学生胡智超在一篇"日省"里说:"这一学期发生了很多事,我全记录了下来,它让我学会了感恩老师、珍惜友谊。"184班学生肖璇在填写一份表格时,发现自己写不出父母生日,为此深深自责:"父母含辛茹苦养大我,我却连他们的生日都不记得,实在不应该。"

高度的觉察力是自省力的基础——有觉察才谈得上管理与控制。什么是高度的觉察力?肖知兴举过一个很好的例子:

像李嘉诚这样的人,在他接待中国企业家的代表团和回答记者提问时的每句话、每个眼神,都非常到位,基本上是让人挑不出任何毛病来的,什么原因?

因为这种人他长期修行,他有极强的自我觉察力,某种意义上来讲,他几十年如一日,不是一个李嘉诚在面对你,他是好几个李嘉诚,他一个人就活成一支队伍:

A 版的李嘉诚在答记者问;

B 版的李嘉诚看着自己,表情要到位、手势要到位;

可能还有 C 版的李嘉诚告诉自己,不要慌,不要着急,顶住压力,该说什么就说什么。

因此,他其实是通过一种极强的自我觉察力来培养他炉火纯青的待人接物的能力。

那么如何帮助孩子培养高度的觉察力呢?曾国藩的经历可供教育者参考。

曾国藩考中进士,进入翰林院后,前途无量,成为真正的"人上人"。从此不用寒窗苦读考科举的曾国藩,每天就在北京这个花花世界里喝酒、聊天、听戏、下棋,而且他变得又傲慢又暴躁,看谁都不顺眼,曾经一言不合就与比自己长 10 岁的同乡京官打架斗殴,还羞辱对方的祖宗,活脱脱一个纨绔子弟。

翰林院是群英荟萃的地方,曾国藩在这个氛围中,慢慢觉醒过来,在 30 岁这个而立之年确立了自己的人生目标:脱胎换骨,做一个"圣人"。

曾国藩除了数十年如一日,每天在日记本中自我反省,以最高的道德标准要求自己,还有另一个关键方法:静坐。

虽然曾国藩痛下决心改正种种缺点,但说起来容易做起来难。他写道:"自立志自新以来,至今五十余日,未曾改得一过。"50 多天一条毛病没改掉。感到惭愧的他发狠说:"此后直须彻底荡涤,一丝不放松。

从前种种，譬如昨日死，从后种种，譬如今日生。"从今往后重做新人。但十多天后他痛苦地发现，自己还是老样子。

这时老师唐鉴教给曾国藩一个方法：静。唐鉴说："若不静，省身也不密，都是浮的，总是要静……最是静字功夫要紧。"静不下来，一切都是空的。于是曾国藩开始养成静坐的习惯，不论多忙、压力多大，都要静坐。

静下来的曾国藩心地空灵，思虑清明，看问题看得很透彻。他看到了人生成就的两个关键点："败人两字非傲即惰。""天下古今之庸人，皆以一惰字致败，天下古今之才人，皆以一傲字致败。"想清楚之后，曾国藩时时警惕，不让自己陷入骄傲与懒惰。此后他的事业也一帆风顺，十年七迁，连升十级，先后任兵、工、刑、吏等部侍郎。

企业家乔布斯也有静坐的习惯，在他 200 多平方米的房间里，只有一个打坐的垫子，他每天在家里打坐，获得了一流的专注、一流的直觉。苹果公司在他的领导下，成为举世瞩目的卓越企业。

普通人也可以通过静坐（打坐）提升觉察力，获得工作效率与人际关系的改善。以下是一位普通人养成静坐习惯之后的变化：

工作更专注了，同样的任务只用了以前 1/3 的时间；

能够有更多的时间觉察自己的身体，比如情绪紧张的时候肩膀会变硬、缩脖子和无意识的驼背等；

能够觉察和妻子之间、和其他人之间的互动，有怎样的一种模式，这种模式导致了什么样的问题……

家长可以与孩子一起养成静坐的习惯，获得觉察力、自省力的显著提升。

Part 2
培养团体智能型创造家

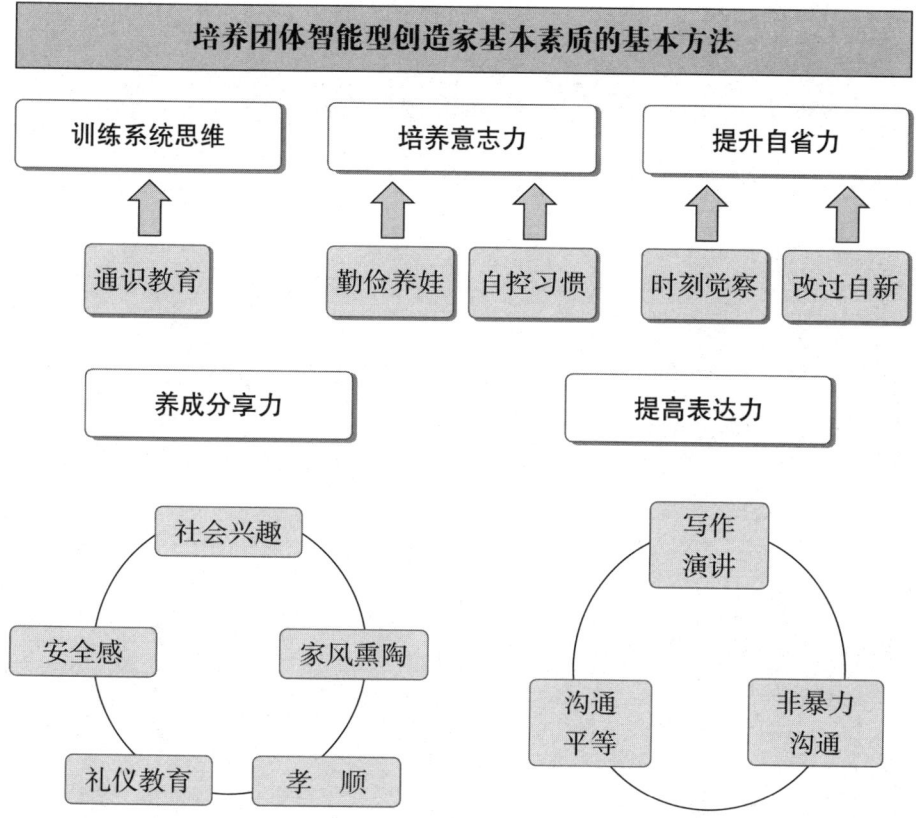

PART 3

培养人工智能型创造家

一、人工智能型创造家：以智能技术替代脑力劳动

◎ 让机器看懂世界的女科学家李飞飞

李飞飞，闻名世界的华人女性科学家。李飞飞36岁成为斯坦福大学终身教授，2013年开始领导斯坦福人工智能实验室，2015年入选"全球百大思想者"，2017年担任谷歌云人工智能团队"掌门人"，2018年获"影响世界华人大奖"。

李飞飞有多厉害？她在顶级期刊发表过100多篇高质量论文，被引用高达4万余次；她参与建立的两个数据库Caltech 101和Image Net，被全球人工智能研究者广泛使用，Image Net更是全世界最大的图像识别数据库。

"李飞飞是一位成就卓著的、受人尊敬的人工智能领导者。"这是来自谷歌官方的高度评价。李飞飞成就极高，但她的起点特别低。

16岁时，李飞飞离开四川省重点中学成都七中，跟随父母移民到美国新泽西州。

虽然她的父母都是知识分子，但是他们不会说英文。因此，虽然有着一颗工程师和科学家的心，她的父亲只能做相机修理工作，母亲则是一名

收银员。迫于生计，李飞飞也在业余时间去打工，给自己赚高中学费，"在我移民到美国的头两年，我的大部分时间都在中国餐馆和洗衣房里度过"。

出身于这样贫困的家庭，李飞飞如果想读一所好大学，就必须拿到全额奖学金。她的任务非常艰巨：一方面她要迅速熟悉掌握英语，另一方面就读于普通中学的她还要拿出一份极其优秀的成绩单。

高中毕业时，她以美国高考（SAT）1250分，数学满分的成绩被世界名校普林斯顿大学物理系录取，而且获得了全额奖学金。这样的成绩连土生土长的很多美国人也难以达到，当地报纸还专门采访报道了她。

1999年，李飞飞获得物理学士学位，以及应用与计算数学证书、工程物理证书，她收到了来自高盛公司的offer。但她拒绝了高薪工作，选择追逐梦想，去西藏高原做了一年的藏药研究。

藏医在哲学和方法论层面上，给了她很多启发。李飞飞说："虽然有些东西看起来没用，比如我去研究藏药，但只要是深思熟虑过的、认准的，之后肯定会起到作用的，别心急。""我知道自己想要的工作，不是一份功成名就的工作，不是仅仅为了到华尔街一坐，咨询一干，拿上个美元6位数字，也不是光是为了再拿个博士学位，让我马上从一所名校走进另一所名校，从一个实验室移进另一个实验室。我生命中，有一种很'野'的东西。我一直想去尝试，去探索东西哲学和科学中的奥妙，去做东西文化的桥梁。"

从西藏回到美国之后，李飞飞又选择读人工智能和计算神经科学方向的博士，尽管在这期间她一分钱也挣不到。

李飞飞的学术研究方向，同样不走寻常路，她选择的是当时非常冷门的图像识别技术，就是教计算机看懂图像。她申请不到研究经费，不得不拿家里洗衣店赚的钱,来贴补她的研究。跟她关系好的教授们,纷纷劝她做点有用的事。

但李飞飞依然决定在这个冷门领域死磕。李飞飞认为,人的第一大感知系统——视觉,占据了脑神经多半部分,是人正常生活的基石,而图像识别也是人工智能认识世界的基础。

有一天她受到自己孩子的启发,她发现3岁的孩子即使什么都不懂,看到一个东西却能够准确描述,她意识到:人眼每200毫秒就能获取一幅图像,一个3岁儿童可能已经获得了上亿次的图像识别训练,是计算机的几何级倍数,看来图像识别的关键,在于极大增加数据训练量。

她表示:"尽管很多人都在注意(算法)模型,但我们要关心数据,数据将重新定义我们对模型的看法。"接下来她付出几年心血,想办法做出了包含320万张标记照片的 Image Net 数据库。然后她又努力向欧美同行推荐使用这个数据库。

业内人士评价道:"李飞飞发起的 Image Net 大赛,让人们知道数据和算法同样重要,它解决了人工智能发展的许多问题,引发了人工智能井喷式的发展,让人工智能开始进入大众视野。"

有人问过李飞飞:"这么多年,你是如何克服这些困难的?"李飞飞说:"这是我的 DNA 使然。如果我老是在感叹,为什么会有那么多的困难,对我来说,是一件很分散注意力的事情。"

四十不惑的李飞飞,已经确认了自己的人生追求:"作为人工智能领域的领导者之一,对于开创那些最前沿、可以造福人类的技术,以及培养出未来可以做这些贡献的技术人才,我始终抱有极大的热情和责任。我觉得这是我的夙愿和使命。"

她曾非常感性、非常具体地阐述过自己的初心、自己的"AI 梦":

"我一直要走科学的路,同时对自然充满好奇。我竟然发现,自己好像走上了一个'五四青年'的路,我不能只当一位在实验室的科学工作者,我要做一个有文化信念、对社会关注的新一代中国知识分子。"

作为女性,李飞飞把对人文的关怀带入科技的发展中,给科技以灵魂,给科技一颗有温度的心。她说:"我的研究领域是智能(intelligence)。我的孩子们给了我太多关于到底什么是智能的启发。看着孩子们成长、变得越来越聪明,这是一件充满乐趣的事情。这听上去有点极端,但我相信'爱'是这背后终极支撑的力量。作为一个技术人士,我会一直把它记在心里。

"在视觉智能的探索中,我总会想到我的儿子莱奥,以及他所生活的未来世界;

"机器能够看的时候,医护人员将会多一双不知疲倦的眼睛,来帮助诊断和照料病人;

"汽车将能更聪明、更安全地在路上行驶;

"机器将能代替人,去巡视灾区,挽救被困者和伤员;

"我们将能发现新的物种、更好的材料,在机器的帮助下,探索未知的前沿……

"让计算机获得视觉智能,并为莱奥,也为世界,创造出更美好的未来!"

李飞飞的创新探索带给我们的启示之一是:进入 21 世纪,人们想凭借智能进行创新创造的时候,不仅可以依赖"个体智能"或"团体智能",还可以依赖新出现的"人工智能"。

谷歌公司的 CEO 桑达尔·皮查伊认为："人工智能带给我们生活和工作的改变甚至将超过火和电。"

原因在于，传统机器取代人类的手脚，人工智能则能够取代人类的大脑，直接做出决策，而不是传统的由人来分析数据，提供决策支持。

早在 21 世纪初，人工智能算法就已经在搜索和推荐领域展现出巨大威力。我们只要输入一个关键词，就能让全世界的知识和信息为自己服务；我们在亚马逊、淘宝、京东都能享受到个性化推荐，网站根据我们过去的搜索记录以及性格特征、背景资料，提供专门为个人打造的搜索引擎，让每个人看到的网页都不一样。这些都是通过智能算法自动形成的，网站员工完全不进行人为干预。

今后商业决策会越来越多地依赖人工智能。例如，阿里巴巴的蚂蚁小贷，所有的信息采集和决策都由智能算法来完成，一笔无抵押的商家贷款，系统几秒钟时间就能审批下来，然后贷款几乎可以实时到账，传统的金融服务绝不可能达到这样的效率。

产品研发这种高端工作，也可以借助人工智能的力量。天猫通过对人工智能的深度培训，让趋势预测的流程进一步缩短，品牌提前半年就能按照这一套方法论进行生产和研发。飞利浦走完传统的研发新品工序需要 3～5 年，与天猫创新中心进行战略合作 3 个月之后，飞利浦在新品定位阶段的研究时长已缩短了 30%，它还计划未来将新品研发整体时间缩短到 1 年以内。再比如，强生集团旗下的漱口水品牌"李施德林"，和天猫创新中心一起定制了两款花香漱口水，研发时间从以往的 18～24 个月缩短到了 9 个月。

城市管理也在尝试由人工智能取代人脑进行决策。2018 年 9 月，杭州市政府联合阿里云等企业建设的杭州城市大脑2.0正式发布。仅一年时间，城市大脑已成为杭州新基础设施：管辖范围扩大28倍，覆盖全城420平方千米，相当于65个西湖大小。通过交警手持的移动终端，城市大脑实时指挥200多名交警。在城市大脑的帮助下，杭州的交通拥堵率从2016年时的全国第5名降至2018年的全国第57名。

谷歌CEO埃里克·施密特指出，现在是数据的时代、算法的时代。目前实力强劲的智能型大公司，还只是在在线广告、在线零售和在线社交3方面取得了巨大进步，绝大部分经济领域都还处于基本空白的状态。"人工智能+"——利用人工智能为所有行业、所有领域赋能，将是未来数十年最重要的创新模式。

因为长时间沉浸其中，100%的投入程度，一个人获得了对人工智能技术的超级敏锐性，或者说对智能机器的强大理解能力。他们因此有能力将人工智能技术应用到新的领域，从而极大改善产品或服务的效率或效果，我们把这类人才称为人工智能型创造家。

◎ 正在开创未来的人工智能型创造家

在2018年12月2日坎昆举行的会议上，组织者宣布，在第13届全球蛋白质结构预测竞赛（CASP）上，谷歌Deep Mind的最新人工智能程序Alpha Fold在98个参赛队伍中排名第一，其预测的43种蛋白质中有25种蛋白质的结构最准确，而排名第二的团队中只有3种。

CASP被认为是蛋白质结构领域的"奥林匹克竞赛"，当人工智能了解了蛋白质的折叠方式，我们可以期待人类进入科学和医学的新时代。

因为蛋白质是一切生命系统的物质基础,密切参与着从触发免疫反映到大脑思考的每一个生理过程。如果把基因比作构成生命的配方,那么蛋白质就是构成生命的材料。没有蛋白质,也就没有生命。

不只是蛋白质结构预测,谷歌的人工智能型创造家们正在科学和医学领域四处开疆拓土。来看一则《麻省理工科技评论》的报道:

在 Deep Mind 非常关注的脑科学领域,2018 年 5 月,团队在世界顶级学术杂志《自然》(Nature)上发表了一项重磅成果,利用深度学习复现生物的空间导航能力,能够协助传统的神经科学研究来测试大脑工作原理。其开发出的人工智能程序具有类似哺乳动物一样的寻路能力,非常类似大脑中网格细胞的工作原理。

另一项 Deep Mind 发布的人工智能、神经科学跨领域重要成果,则是使用 AI 领域中的元强化学习框架,用来研究大脑中的多巴胺在我们学习过程中起到的作用。这一新发现有望颠覆传统的神经科学研究方法,为神经科学的研究提供了一个全新的视角。

而在疾病诊断上,2018 年 8 月发表在《自然医学》(Nature Medicine)的一项研究中,Deep Mind 和 Moorfields 眼科医院共同开发的 AI 算法可以识别 50 多种不同的眼部疾病,且与人类临床医生一样准确,并且有可能通过减少检查和诊断所需的时间来显著改善现有的医疗困境。

2018 年,百度前副董事长陆奇这样描绘人工智能技术创新驱动的新世界:

人工智能技术会带来新的基础设施和计算平台。

首先,能够自己按照既定目的运作的 autonomous system(自主系统)将对所有行业产生变革,无人驾驶车只是最早的应用之一。自主系统会成为新一代生产力的核心基础设施,并且,这种基础设施是可以在全球范围内进行布局的。

其次,自然语言交互技术会创造新的计算平台。对人来说,最自然的交互是通过自然语言和视觉进行交互,所以成熟的自然语言交互技术将创造出无处不在的个人助手,比如衣食住行,还有教育。当然,这需要一点时间才会实现。

最后,人工智能技术对科研领域有非常大的影响。我认为我们将迎来一次科学界的文艺复兴;因为人工智能技术,越来越多的跨学科研究和应用可以被开发出来。

今天有很多案例可以印证陆奇的判断。以他所说的自主系统为例,自动驾驶技术正在快速发展中。人类司机面对路上突然出现的行人、障碍物和交通标志,必须在一两秒钟之内做出正确反应,这需要司机具备快速感知外界环境、快速判断并快速响应的能力,计算机工程师们把这些能力都转化成了智能程序,这样汽车就能自动驾驶了。具有精准判断力的自动驾驶算法取代司机,这会影响全球 9% 的人的就业。

在 2018 百度世界大会上,李彦宏现场发布了百度的无人驾驶挖掘机,并表示,无人自主挖掘机不仅可以大幅度降低人力成本、提升工程收益,更将解放人力、激活产业。2018 年 5 月,苏宁集团在上海奉贤物流园区,对"行龙一号"重型无人驾驶卡车进行了实测。测试车辆载重 40 吨,在行驶过程中自动规划路线行驶、躲避障碍物,面对道路中突然出现的行人,也能及时做出预警并停车。在此之前,苏宁已经推出无人快递车"卧龙一号",可 24 小时全天候工作,会乘电梯能让路,还能叫门,包裹无人也能送到家。

制造业的自主系统应用的范围已经很广。例如，阿迪、锐步、阿玛尼等品牌的供应商，苏州天源服装有限公司2018年在美国投资了一家大量采用机器人进行制造和缝纫的工厂，每件T恤衫成本仅为33美分（约2元）。这个全自动工厂的每条生产线，能够在22秒内生产一件T恤衫，每天能为阿迪达斯生产8万件T恤衫。放眼全球，即使劳动力最廉价的国家也无法与其竞争。

◎ 今天需要"网感"，明天需要AIQ

在互联网时代，"网感"很重要，一个公众号的主编曾感慨，我们这群老人明显感到1997年妹子的网感，信息的敏锐度要优于我们这些90后的"大叔"和"老阿姨"。那些凭借一流"网感"在电竞、网络主播、淘宝直播、微信公众号、知识付费、小视频等领域快速赚到第一桶金的年轻人，很多"网感"差的70后、80后不仅学不了，甚至已经看不懂了。

在即将到来的人工智能时代，则必须具备"AIQ"——人工智能商数，即利用AI技术的能力水平。

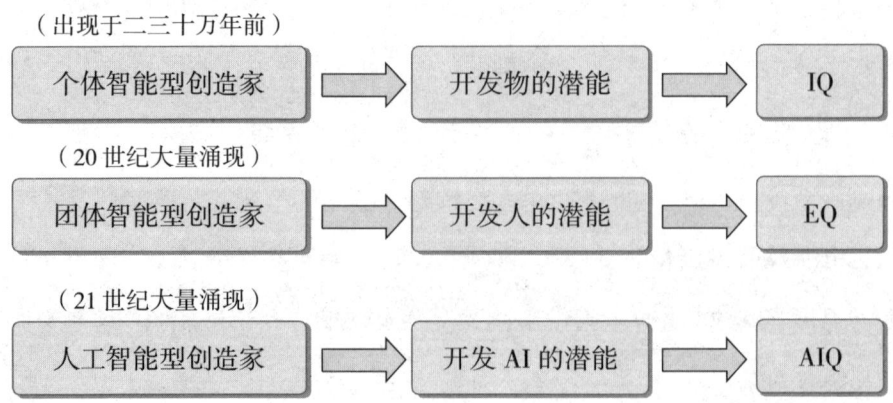

在人工智能时代，一个人的 AIQ 越高，对智能机器的理解越深，能驾驭的智能机器越多，就会越有成就——让很多聪明的机器帮自己干活，显然会胜过单打独斗的人。完全可以想象，未来具备一流 AIQ 的人，将像上面提到的案例那样，再造各行各业，极大地提升效率。

随着社会的发展，现在这个时代的物质贫困会逐渐消失。20 年后，底层的人，不一定是生活不好的人，而是不能给社会创造有效价值，没什么作为，平平庸庸过完一生的人。AIQ 过低的人将会是人工智能时代的新型贫困人口。

◎ 相关理论：结构主义教育

结构主义教育流派的先驱是 20 世纪二三十年代瑞士心理学家皮亚杰，他对儿童智力结构及智力发生、发展做了深入研究。50 年代末结构主义心理学家布鲁纳在美国掀起了结构主义课程改革运动。

结构主义教育理论的基本观点是：（1）要让学生学习学科知识的基本结构，任何一门学科知识的结构，都表现为它的基本概念、原理和原则，学生掌握了知识的基本结构，他就能不断扩大和加深知识，因此教材的编写必须清楚地反映各学术领域的基本原理；（2）教学要促进认知能力的发展，教学过程必须依据儿童思维结构的特点进行，使教学过程本身就是促进儿童智力发展的过程；（3）教学就是探究，"发现法"是主要的学习方法，通过这种方法加强学生的探究能力是教育的核心。

布鲁纳认为建立认知结构是一种能动的主观活动，具有主观能动性。所以布鲁纳格外重视主动学习，强调学生自己思索、探究和发现事物，让学生亲自成为结论和规律的发现者。

结构主义教育强调，要把知识改造成为与儿童的智力发展和思想方式相适应的形式，并通过儿童自己能触摸到的具体材料来学习；要想方设法把材料转译成儿童的逻辑形式，并极力鞭策诱导他前进，就可以在他的早年学习中打下良好的基础。

少儿编程能让孩子们清晰理解程序的概念与原理，并且很注重发挥孩子的主观能动性，致力于把知识改造成适合孩子学习的形式，与结构主义教育的理念十分契合。

◎ 从小培养 AIQ 的方法：少儿编程 + 智能玩具 + 智能教室

一流的"网感"需要从小培养，AIQ 也是如此，公认的最佳培养方式，是接受少儿编程教育。

在全球化时代，人们要学习英语，以便互相交流；未来是智能机器主导的时代，人们会大量地和机器交流。学习编程，就是学习和智能机器对话的语言。学会编程，就有了通往未来智能世界的门票。

我认为采用图形化编程工具，并加入游戏化的方式来学习编程，是少儿学习编程的一个很好的方法。孩子们可以通过丰富有趣的学习界面、卡通化的学习伙伴、环环相扣的闯关课程模式学会编程。"做中学、玩中学"的少儿编程打破了枯燥的编程学习方式，让小朋友也能开开心心地沉浸在学习中，发自内心地热爱编程学习。

此外，尽早和智能玩具互动，既能保持孩子对未来世界的好奇心，又能提高孩子的 AIQ——小时候和智能机器一起玩耍，有利于长大了和智能机器一起工作。

最后是学习模式的智能化。我们在少儿编程教育领域耕耘多年，一直坚持"一堂课的初心"。让孩子们提前体验人工智能时代的学习场景，是我们创造"一堂好课"的重要努力方向。

经过长期研发，我们推出了沉浸式智能教室解决方案，在教室中引入各种智能硬件设备，将积木式创新的理念融入每一堂课，结合多媒体动画、智能物联网、增强现实技术，实现课程、教具、教学场景的无缝连接，给孩子营造沉浸式的互动学习体验，充分感受人与智能的竞合乐趣。

我们还联合了腾讯七大 AI 实验室，就人工智能、物联网、生物识别等前沿技术开展深入研究，并将研究成果逐步应用于线上线下教育平台，实现智能教室与云课堂相融合。云、管、端、点全部打通之后，让教育自然发生，让知识无感传递。

智能化的学习模式，能够潜移默化地提升孩子们的 AIQ。我们把这一教育方法总结为"AI 育人，育 AI 人"。

◎ 摘录：华为对人工智能技术的理解

华为是站在人工智能技术前沿的企业，其轮值董事长徐直军在 2018"华为全联接大会"上的发言，高屋建瓴地指出了人工智能的巨大意义，分析了其将带来的全面变革。

人工智能是一种新的通用目的技术

任何技术只有准确定位，才会充分发挥其价值。给人工智能技术进行合理定位，是我们理解和应用此技术的基础。

如同公元前的轮子和铁，19世纪的铁路和电力，以及20世纪的汽车、电脑、互联网一样，华为认同：人工智能是一组技术集合，是一种新的通用目的技术（GPT）。

加拿大学者理查德·格利普西（Richard G. Lipsey）在其著作《经济转型：通用技术和长期经济增长》一书中提出：社会经济的持续发展是靠通用技术的不断出现而持续推动的，所谓通用技术，简单理解就是要有多种用途，应用到经济的几乎所有地方，并且有巨大的技术互补性和溢出效应。

经济学家们认为，人类发展到今天，总共有26种通用技术，人工智能就是其中一种。

我之所以强调人工智能是一种通用技术，是期望大家重视人工智能对未来的巨大影响和价值。人工智能作为一种通用技术，不仅可以使我们以更高的效率解决已解决的问题，也可以解决很多没有解决的问题。

是否具备真正的人工智能思维，是否以人工智能的理念和技术解决现在及未来的问题，是我们能否在未来构筑领先竞争力的关键。

华为在实践中发现，人工智能不但可以替代人，还能够自动降低生产成本。这是人工智能与信息化最大的不同，也是其最有价值的特点。

人工智能将改变每个行业、每个组织

人工智能触发的产业变革，将涉及所有行业。我们在座的每一位都要思考，我所处的行业是否会被人工智能技术改变，甚至被彻底颠覆。如何以一种全新的模式，重构各自行业和企业，是我们在未来都要思考和实践的。

今天，我们可以清晰地预测到，人工智能将极大程度地改变我们的生活：

- 智慧交通将大大提升通行效率；
- 个性化教育将显著提升教师与学生的效率；
- 精准预防性治疗有望延长人类的寿命；
- 实时多语言翻译交流再无障碍；
- 精准药物试验可以显著降低新药成本，缩短发现周期；
- 基于 AI 的电信网络的运维效率将大大提升；
- 自动驾驶技术和电动汽车将颠覆汽车产业等。

从华为云 EI 和 HiAI 发布以来的短短 1 年间，我们深切感受到了前所未有的热潮。

除了对行业带来的改变，人工智能还将改变每一个组织。

18 世纪以来的历次技术革命，每一次都会对组织的结构、作业流程和人员能力等产生巨大影响。

从工作岗位和人员能力角度看，人工智能推动此次变革将有一个明显的不同：以往的历次变革总会产生大量的重复性日常工作需求，比如，纺织厂的设备操作、汽车制造流水线和手机制造流水线等。但是人工智能将在几乎每方面提升自动化水平，因此大量的重复性日常工作岗位需求将大幅度缩减。与此对应的是，需要增加对数据科学工作岗位的需求，例如，数据科学家、具备一般性数据科学能力的数据科学工程师等。这些岗位的数量将远远少于当前重复性日常工作岗位。

因此，我们认为，未来的组织人员构成可能是菱形的，其中大量处于底部的基础性、重复性日常岗位会被 AI 所取代……

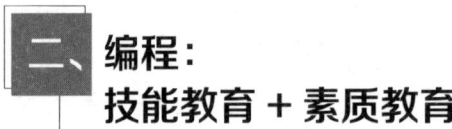

二、编程：技能教育＋素质教育

2018年10月31日，中共中央政治局就人工智能发展现状和趋势举行第九次集体学习。中共中央总书记习近平在主持学习时强调，人工智能是引领这一轮科技革命和产业变革的战略性技术，具有溢出带动性很强的"头雁"效应。在移动互联网、大数据、超级计算、传感网、脑科学等新理论新技术的驱动下，人工智能加速发展，呈现出深度学习、跨界融合、人机协同、群智开放、自主操控等新特征，正在对经济发展、社会进步、国际政治经济格局等方面产生重大而深远的影响。加快发展新一代人工智能是我们赢得全球科技竞争主动权的重要战略抓手，是推动我国科技跨越发展、产业优化升级、生产力整体跃升的重要战略资源。

人工智能已经成为确定无疑的重大发展趋势和重要国家战略，作为教育者，及时开展少儿编程教育，是帮助孩子们赢得未来的最佳举措。道格拉斯·洛西科夫在《编程或被编程》一书中指出："现在这个时代，编程/设计者获得了权力。教学生编程和设计，发掘他们的潜力，也许就能成为有能力改变世界的人。"

早在20世纪七八十年代就开始在中小学推广信息技术教育的印度，

在全世界拥有最多的进入硅谷大企业高层的人才；比尔·盖茨、乔布斯、扎克伯格都因为热爱编程而走上了创办千亿美元企业的道路。早在2014年，英国政府就规定，5岁以上学龄儿童必须学习"电脑编程"课程。今天美国约有500万孩子在学编程，其中自然包括比尔·盖茨和扎克伯格等硅谷科技大佬的孩子。奥巴马的两个女儿都在学编程，奥巴马还说，女儿起步太晚了，编程应当与ABC字母表和颜色同时学起。

◎ 编程是未来最实用的技能教育

欧洲大陆有个源远流长的教育传统：让大部分人掌握一技之长，以安身立命。

德国、法国、瑞士等国是在中学阶段就进行分类。学习成绩好的就读大学准备课程，比如，德国不到30%的学业优异者被选入"大学预科"，其他70%多的中学生可以在350多个技能中选择专项发展，他们在学习期间也会到工厂接受学徒式训练，毕业后直接就业。瑞士的职业教育非常成功，三百六十行，行行有职业技术培训，先培训后就业，未经培训不得就业，已成为一种制度。瑞士各行各业都有专为考试学徒而设立的委员会。考试内容一般有：实际操作技能、本行业的理论知识以及文化知识等。考试合格后学徒便可领取联邦颁发的技能证书，成为正式的技术工人。

欧洲大陆重视技能教育源于历史上手工业和商业行会的教育传统，人们学习一门手艺，在固定轨道上稳定发展。

欧洲大陆的这种教育模式的合理性在于，"一技在手吃穿不愁""一技在手行天下"的道理从古至今都是成立的。

前面说过,在即将到来的人工智能社会,AI技术将带来巨大冲击,大量人类工作岗位将被智能机器取代,同时有很多新的岗位被创造出来。那么,面对变幻莫测的未来,如果家长想对孩子进行一定的技能教育,该怎么办呢?

美国前总统奥巴马认为让孩子学编程语言和学英语一样重要,因为在今天的信息社会以及即将到来的人工智能社会,编程是最基本的"可转移性技能"或"适应性技能"。

程序相当于组成智能机器的细胞,想要将智能机器研究透彻,首先要熟练掌握程序语言。我们知道,所有语言都是从小就开始学效果最佳,接触程序语言的时间早晚和应用频度的高低,决定了对程序语言理解水平的发展快慢,最终决定了 AIQ 的高低。这就是奥巴马强调从小学编程的原因。

我们用信息社会的一个例子,来理解编程技能的实用性。假设你每天下班前有 3 件事要做:在公司内网系统查询某业务当天的数据,整理成日报表并存档,把几个核心数据用电子邮件发送给领导。

每天花半小时做一样的事显然非常枯燥乏味。如果找别人完成,既要花钱,又担心别人不靠谱出错误。如果你会编程,就完全可以把查数据、做报表、发邮件的流程自动化,再配置一个定时任务每天自动执行,这样每天就能节省 20 多分钟。

我的同事分享过一个类似的小故事:"我们有一个学员小韩,他发现姐姐每个学期末都需要上教务管理系统做大量的教师的评价,这是个重复性的无聊的工作。小韩学了我们的脚本工具之后,马上意识到这件事情能够通过脚本的计算工具来解决。于是他花了20多分钟就完成了一段脚本，帮助他姐姐在10秒钟之内就完成了全部老师的点评。他姐姐把这个idea分享给身边的朋友，得到了很好的反馈效果。小韩非常有意识地把生活中机器擅长的事情抽象出来，然后交给机器去做。"

学会编程，意味着遇到完全相同的问题，我们只需要解决一次就好，不会浪费时间在重复的工作上，宝贵的时间可以用在更有价值的事情上。

随着自动化水平的持续提升，几乎所有的工作和生活都将与人工智能密不可分。未来我们用到的智能软件会越来越多，如果会编程，就不仅可以享受软件提供的标准功能，还能在原有软件的基础上开发插件，满足自己的个性化需求——比如，在智能家电上实现自己的小创意。

当然，我们也可以找一个程序员来实现自己的想法，但如果不会编程，我们可能连一个靠谱的想法都提不出来。只有清楚程序的概念与原理，我们才能讲清楚自己的需求，才能很好地与程序员进行沟通和合作。因此即使未来自己不编程，接受基本的编程教育也是很有用的。

从应对人工智能引发失业危机的角度来说，每次工作革命都是需要社会进行教育投资的。比如，丹麦曾为工人转型提供了比美国多出25倍的支持，使丹麦人顺利地转型到新兴工作上来。再比如，19世纪末，大量农业机械的出现导致了美国农民大规模失业，美国社会自发出现了高中运动，学生必须在校满16岁才能出校就业，因为新的农机领域的工作需要更高的知识水平。

从这些历史事件可以看出，今天的中国政府和家庭应该投入资金对孩子进行编程教育，在未来程序语言就相当于今天的英语、语文，是必须掌握的基本功。具备AIQ的孩子，将来能够抓住大量涌现的与人工智能相关的高收入就业机会。

◎ 编程是第一流的素质教育

编程教育不仅是最重要的技能教育，也是第一流的素质教育。编程教育培养的思维方式能帮助人们理清思路，理解问题并找出高效的解决方式，经过编程教育升级过思维的人，能在任何领域都运筹帷幄。

分解是编程的一个关键。程序员是把一个复杂的大问题，分解成可执行、更好理解的小步骤，设计出每一个小步骤的解决路径，然后依次执行，最终解决整个问题。

正如资深程序员张砷镓指出的：老师把备课时设计的教学过程记录下来是编程，习武者把打太极拳的一个个套路记录下来是编程，肯德基制作详尽到炸薯条的油温与秒数的食品加工手册是编程，"老干妈"陶华碧将她的辣酱配方和制作过程清楚地描述出来也是编程。

编写出程序之后，这个技能就可以脱离设计者而存在，可以被其他人执行、验证和改进。编程思维能够实现私人技能的标准化，可以实现技能的大规模复制和扩张，肯德基和老干妈的成功都是这个道理。

模式识别是编程思维的又一个关键点。识别模式，意味着新问题变成了老问题，我们在经验库里搜索以往的类似问题及解决方法，套用以往方法来解决。识别的模式越多，解决问题的速度就越快。比如，我们知道猫有几个关键特征：长毛，有一双眼睛、一条尾巴、四条腿。猫的趾端生有锐利的爪，捕鼠时会伸出。每天的大部分时间，猫咪都处于慵懒贪睡状态。然后，我们找几只猫来现场临摹，只需要按照这个"模式"

来画猫——我们不用每次画一个新动物，只需要变换局部特征：白猫或黑猫，长尾猫或短尾猫。

通过以上两个例子，可以看出编程教育传授的不只是编写程序的技巧，它还包含了能高效解决工作、学习和生活中各种问题的多种思维方式，是高级的素质教育。

在接下来的两节，我们将从千年的中国史视角和万年的人类史视角来进一步剖析少儿编程教育的深远意义。

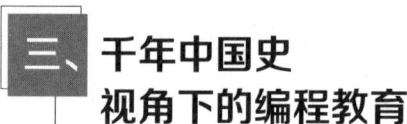

三、千年中国史视角下的编程教育

◎ 中华文明融合西方文明：培养四大科学素质

西方历史学大师汤因比有个著名的"挑战与应战理论"。他对人类史上的20多个主要文明进行了数十年的研究，认为决定文明起源、成长、兴旺、衰亡和僵化的原因，在于人群对外部挑战的应战。一个文明，如果能够成功地应对挑战，那么它就会诞生和成长起来；如果不能成功地应对挑战，那么它就会走向衰落和解体。

在众多古文明中，唯有中华文明传承5000年不绝，至今仍生机勃勃，证明了其强大的应战能力。中华文明成功应对印度文明与西方文明的重大挑战，并借此更上一层楼，是人类史上的经典案例。

大约2000年前，汉明帝兴建第一座官办寺院白马寺，源于"西天"印度的佛教开始在中国开枝散叶，从此"天下名山僧占多"。南北朝与隋唐时期，"西风"进入极盛期，曾一度压倒"东风"，佛教严重冲击着作为中华主流文化的儒家思想。唐朝大诗人杜牧有诗云："南朝四百八十寺，多少楼台烟雨中。"

面对外来文明带来的巨大冲击，中国历代帝王曾4次打压佛教，北魏太武帝、北周武帝、唐武宗、后周世宗，曾杀僧人、毁佛像、禁信佛，史书合称为"三武一宗灭佛"。

但佛教在中国大兴，自有其深厚因缘在，打压不是主流，融合才是王道。中国的文人学者、高僧大德，努力了近2000年，实现了佛教的中国化：华严宗、净土宗、禅宗的兴起，融合儒、道、佛思想的理学与心学的出现，以及20世纪"人间佛教"成为主流，意味着佛教完全融入中国。

今天的中国人，一提起中国文化，脑海中浮现的，往往是儒、道、佛三教合一，因为成功融合佛教，中华文化增添了许多的深度、广度与趣味。如果没有《西游记》，没有佛教诗人王维、李叔同和仓央嘉措，会是中国文学的一大损失。

相比于印度文明的"随风潜入夜，润物细无声"，西方文明对中华文明的冲击如同疾风骤雨，"乌云压城城欲摧"。

1776年，瓦特制造出第一台有实用价值的蒸汽机，半个多世纪之后的1840年，基本完成第一次工业革命的大英帝国，发动了对农业国大清帝国的侵略战争，并大获全胜。

晚清洋务运动领袖李鸿章，指出西方文明的入侵是中华"数千年未有之大变局"。"天朝上国"的自信心在此后的一次次中外战争中不断崩塌，甲午战争之后的百年间，甚至出现"废除汉字""丑陋的中国人"……等极端论调。

幸亏还有一批中国人面对危局不甘沉沦，鲁迅在《中国人失掉自信力了吗》一文中指出："我们从古以来，就有埋头苦干的人，有拼命硬干的人，有为民请命的人，有舍身求法的人……这就是中国的脊梁。"

中国的"脊梁"们几经求索，为中国找到了应对西方文明冲击的两条正道：德先生与赛先生，也就是民主与科学。政体变革与科技革命成为历史主旋律。

找对了方向，就不怕路远。1935年，方志敏烈士在狱中写下了遗作《可爱的中国》，他说："不错，目前的中国，固然是江山破碎，国弊民穷，但谁能断言，中国没有一个光明的前途呢？"

1949年，经过28年的浴血奋战，中国共产党人成立了中国有史以来第一个"人民共和国"，开启了"人民当家作主"的道路探索与制度建设。与此同时，新生的人民政权全力以赴建设完整的工业体系，中国的科技开始走上正途。

1988年，邓小平提出了"科学技术是第一生产力"的思想；在20世纪80年代，"学好数理化，走遍天下都不怕"几乎是家喻户晓的说法。

科技人员受政治打压的日子一去不复返，他们与企业家合力补上了两次工业革命的功课，中国成为全球第一制造业大国，制造业增加值是美国、日本和德国的总和。

在以计算机、互联网为代表的第三次工业革命中，中国实现了与西方发达国家齐头并进，全球十大互联网公司，中国占了4个。

在以智能化技术为代表的第四次工业革命中，中国已经位列第一梯队，中美两国拥有全球最多的人工智能科学家。

时至今日，我们可以说，经过180年的艰苦应战，5000年的中华文明，已经初步融合了西方文明，再一次实现了伟大的涅槃重生——这不意味着我们已经走到终点，这只是我们的新起点。

正如任正非先生多次强调的，科技发展的根基在于教育。我们不能停留在表层，满足于传播书本上的数理化知识，还要将其内化，把西方科技文明融入孩子们的思维之中，这将极大提升全民族的科学素养，从而为中国科技更上一层楼打好基础——正如欧洲和巴西的足球人口（每周进行两次或两次以上足球活动的人数）远超中国，所以他们选拔出来的专业足球队员水平也远超中国一样。

那么，孩子们要重点培养的科技思维有哪些呢？

人类发明了工具，工具又反过来影响人类的思维。1972年，图灵奖得主艾兹格·迪杰斯特拉曾指出："我们所使用的工具影响着我们的思维方式和思维习惯，从而也深刻地影响着我们的思维能力。"

4次工业革命的核心工具，先后塑造了4种强大的新思维。

第一次和第二次工业革命，带来"大机器时代"，对应的是"工程思维"以及进一步衍生的"设计思维"。

第三次工业革命虽然只有短短几十年，但计算机程序已经深刻改变了世界的面貌，它塑造的是"计算思维"。

第四次工业革命刚刚兴起，其核心发明是人工智能，这是有史以来最强大的通用技术之一，它对应的是"相关思维"。

有人说，"最大的想象力和创造力，就是解决问题的能力"。工程思维、设计思维、计算思维和相关思维，都是现代社会孕育的，帮助人们创造性解决现实问题的神兵利器。

融合了科学、技术、工程、艺术和数学，以少儿机器人编程为主要形式的STEAM教育，是从小培育工程思维、设计思维、计算思维和相关思维的优秀解决方案。2015年，教育部首次正式提出要发展STEAM教育。2017年国务院发布的《新一代人工智能规划》中明确提出，我国中小学要开设人工智能、编程等STEAM教育课程。

在中国推进STEAM教育（少儿机器人编程教育），不仅符合"教育要面向现代化，面向世界，面向未来"这一教育方针，还有着中华文明融合西方文明的深厚历史背景，意义重大，任重道远。

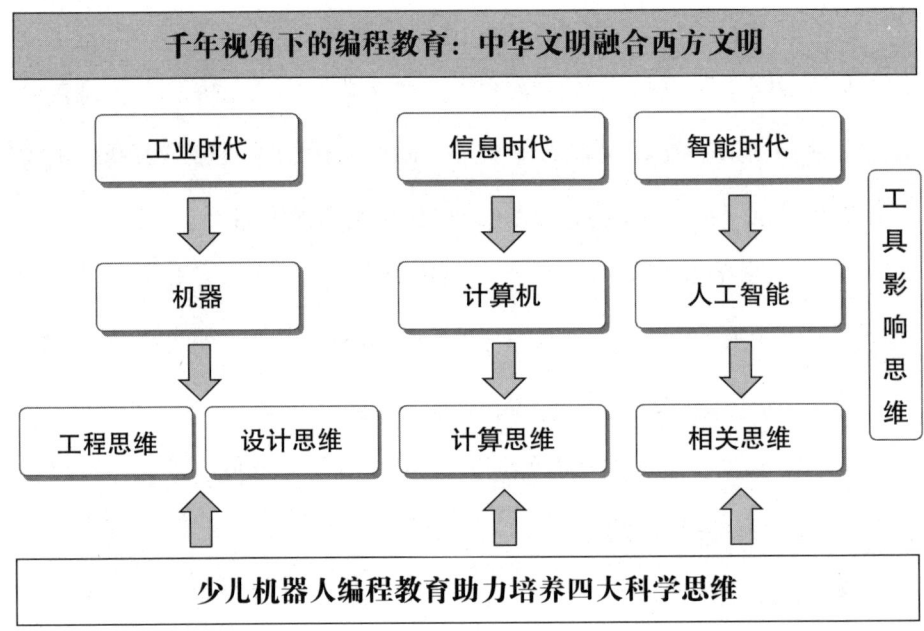

◎ 方法一：训练工程思维

不论是东方还是西方，建设工业社会的中坚力量，都是各行各业的工程师。公路、铁路、下水道、摩天大楼、大型矿山、港口、水电站、人造卫星……他们从事的是改天换地的事业，地球从未被某种生物如此深刻而广泛地改变过。

在利用机器建设各类工程的过程中，他们也受工具影响，形成了"工程思维"，即"有创意地应用科学定律和各类机器，来系统化地解决现实问题"。

比如，工程师可能接到产品经理的以下要求：10个月内，用2000万元的预算，根据最新的科研进展，做出一款性能是目前产品10倍、生产成本不到现有产品一半的手机电池，同时还得通过主流市场的安全认证。

工程师们先分析哪条技术路线是可行的，比如，科学家论文里说的那种材料，性能真是好，但很容易爆炸，不安全，果断放弃；另一种材料好是好，但可惜太贵，忍痛放弃；还有一种好材料，加工起来太费时间，挥泪放弃……费尽九牛二虎之力之后，工程师们终于找到一种各方面都符合要求的电池材料。接下来就是确定产品设计、加工工艺、经费分配、时间表，等等。方案定好之后，开干！

可以看出，工程师面临很多的约束条件，如时间约束、财力约束、拥有资源的约束、竞争的约束、人类行为的约束，等等。但神奇的是，他们能在种种现实约束下，解决各种问题，达成既定目标。

"硅谷钢铁侠"埃隆·马斯克有着世界顶级的"工程思维"，他说，"我是具有创新精神、具有创意思维的工程师"。

我们来看看"门外汉"马斯克是怎么用"工程思维"颠覆电动车领域的。

电动车电池太贵是当时的一大难点。马斯克经过研究发现，组成电池的材料是铜、镍、铝、碳，以及用于分离和密封的聚合物，这些材料的成本是每千瓦时80美元，而电池的成本却是每千瓦时600美元。

80美元的材料钱没法省，但520美元的差价，是人类协作过程中产生的，那就有优化的空间。比如，把电池生产放到中国，可以降低人工和税费成本；再比如，改变一些模块设计，也能降低成本。随着电池成本降低，电动车销售规模逐步扩大，而大规模生产本身，又可以进一步降低成本。

工程思维就这样推动了一个行业的变革，威力惊人。那么工程思维在将来会过时吗？

中国政府多次强调，要避免产业空心化，全力推进落实"中国制造2025"，提升新一代信息技术产业、高档数控机床和机器人、航空航天装备、海洋工程装备及高技术船舶、节能与新能源汽车、新材料、生物医药及高性能医疗器械等十大领域的科技水平。

中国的制造强国战略分3步走，到新中国成立100年时，制造业大国地位更加巩固，综合实力进入世界制造强国前列。制造业主要领域具有创新引领能力和明显竞争优势，建成全球领先的技术体系和产业体系。

抗击新冠肺炎疫情期间，很多发达国家连口罩和防护服都造不出来，让旁观的中国人深刻体会到了制造业空心化的可怕后果。而这期间美国政府在芯片领域全力封杀华为，又让我们深感做强高端制造业的紧迫性。

从国家发展层面看，中国的工业化进程还远未结束，工程思维是不会过时的。再从个人发展层面看，工程思维有利于在智能化、自动化的未来，让人们保住工作。

现在学校里教的是一套解决问题的标准答案，但工作中的问题，很多是没有标准答案的，需要人们发挥创造力来解决问题；如果一个问题有标准答案，那么这正是人工智能可以替代人的领域。

如果一个人具备工程思维，那么他遇到需要解决的问题，会反思：

流程为什么这么设计？是否有设计不合理的地方？是否环境已经发生改变，我们可以改进流程，提高效率？有工程思维的人，不会机械甚至麻木地按部就班工作，能够更好地解决设计、生产、销售、客服等问题，在人工智能时代也大有可为。

那么，怎样从小培养工程思维呢？

中国教育的强项是科学教育，但技术和工程是薄弱环节。火遍全球的 STEAM 教育是跨学科教育，融合了科学、技术、工程、艺术、数学等学科，以解决问题为导向，强调动手实践，非常有利于培养孩子们的工程思维。

香农·亨特和詹姆斯·汉考克的《小小工程师》一书，图文并茂，通过 9 个领域的实际工程案例，比如，开发一台个人电脑、设计一座未来城市，引导孩子用工程实践流程去解决案例中的问题，是很不错的工程思维读物。

STEAM 教育以机器人编程教育为主要形式。机器人编程教育是将物理硬件和软件编程相结合，为使机器人完成某种任务而设置动作顺序的编程语言教育。孩子们综合运用物理、数学、机械结构、工程结构、传感器、自动控制、艺术等多学科知识，进行思考设计、搭建、组装、编写程序，并通过编写好的程序运行机器人。

一堂好课，有趣是外化形式，有用是内核基础。最好的教育，是既有用，又有趣，让知识有效传递。孩子天性就喜欢搭建和拆解，机器人编程教育迎合了这一天性，它把有用藏在底层，让有趣去驱动孩子。在动手实践的过程中，孩子们种下了工程思维的种子。

◎ 方法二：训练设计思维

"设计思维"（Design Thinking）脱胎于工程思维，20世纪80年代兴起于设计界，是工业化后期的产物。

设计思维的核心是"以人为本"——它不急于马上寻找解决方案，而是先通过换位思考，理解人们真正重视的问题是什么。

全世界最有设计感的公司是乔布斯时代的苹果，擅长把电子产品简单化、傻瓜化，它的产品是不需要使用说明书的，即使小孩子也知道如何使用它们。苹果最重要的设计之一是创造出用手指代替键盘的互动方式，解决了人机便捷互动这个重要问题。

华硕董事长施崇棠认为，苹果的产品设计向来是站在使用者的立场出发，而并非"工程师设计给工程师用的"；乔布斯很能准确把握消费者所需求的关键点，以此为设计本源使其产品屡屡获得成功。

设计思维有着广泛的应用空间，可以帮助各个专业背景的人通过创新的方案解决问题，建筑工程、产品设计、出版、互联网产品、教育、艺术、环境等各个领域都用得着。

比如，设计思维已经成为苹果、微软、谷歌等互联网公司在开发创新产品时都会用到的"一种洞察人性、颠覆传统、产生极致体验新产品的创新方法"。

再比如，爱因斯坦曾经说过一句话："如果给我1小时拯救地球，我会花59分钟找准核心问题，再用1分钟去解决它。"这个科研理念和设计思维的原则也是一致的。

美国著名设计公司 IDEO，将设计思维应用于商业问题的解决之中。它的创始人大卫·凯利，曾于 1982 年为苹果公司设计出第一只鼠标，他还创建了著名的斯坦福设计学院。

斯坦福设计学院将设计思维分成五大步骤。

1. "同理心思考"，去当一次用户，体会用户有什么问题和需求。

2. "需求定义"，分析收集到的各种需求，精准提炼真正要解决的问题。

3. "创意构思"，进行头脑风暴，多角度寻求创新，从中选出最好的点子。

4. "原型设计"，用最短的时间和花销，把脑海里的解决方案制作出来。

5. "实际测试"，根据反馈优化解决方案。

连贯起来就是：首先通过采访调研用户获得同理心，然后发现核心问题，再进行头脑风暴找到办法，之后动手制作原型，接下来测试优化，最终呈现自己的产品。

接受过斯坦福设计思维训练的彭奕亨说："设计思维就像一本菜谱，它会告诉你烧菜的步骤、烧菜的时间等，但是每个人用它炒出来的东西都不一样，可以有不同的口味、不同的原料和配料，而跟着这本菜谱仔细做，一般不会做得太难吃。"

斯坦福设计学院的学生，曾经通过调研、走访，结合非洲的情况，设计与生产出了一个成本极低的太阳能灯，它只需要白天放在屋檐上通过太阳能充电，晚上就能放在屋子里照明。这个设计给很多非洲家庭带去了光明。

在贫困国家的早产儿夭折案例里,有98%是因为在生下来的那几天中,早产儿没有条件在医院里得到照顾来保持体温而夭折的。斯坦福设计学院的学生设计并生产了一款简易又实用的可加热保温袋,帮助了很多家庭,让早产儿度过危险期,健康长大。这是斯坦福设计学院最引以为傲的产品之一。

今天斯坦福设计学院在全球的声名已经超过商学院,成为斯坦福最受欢迎的学院——因为这些聪明的学生发现,设计思维有改变世界的力量!

那么,怎样从小培养设计思维呢?

首先,编程教育有利于培养设计思维。计算机科学不仅源自数学思维,还有设计思维,因为我们建造的是能够与实际世界互动的系统;人们评价一个程序,不仅仅根据其准确性和效率,还有美学的考量,而对于系统的设计,还要考虑简洁和优雅。

小米手机创始人雷军曾获得过"十大功勋程序员"奖章,我们来看看他的感悟。馒头商学院的创始人王欣曾去金山面试程序员,被雷军问道:"你写程序有和写诗一样的感觉吗?"雷军认为,优秀的程序员会把程序当艺术品,像写诗一样来写代码。此外,优秀的程序员不会局限在技术本身,而是会关注用户,雷军说:"一个真正的高手需要知道用户需要什么,如何做出让用户满意的产品"。雷军的一番话表明资深程序员需要有一流的设计思维。

其次,多进行美感训练,比如,学习绘画和摄影,多参观创意博物馆,多看设计杂志,也有利于提升设计思维。

在实现工业化的国家,人们的生活用品已经不再短缺,"从无到有"

的阶段已经过去,"从有到优"的需求不断膨胀,产品的美感、愉悦感、意义感越来越重要。

科技与艺术在未来会碰撞出最有价值的火花,正如《全新思维》一书的作者丹尼尔·平克所指出的:"设计感不是要求我们每个人都去做设计师,设计其实是一种能力,未来我们无论从事何种工作,都需要具有这种能力。这种能力要求我们有很高的审美标准,去不断地追求新颖和美感。人们不再为物品买单,而会为设计买单。一个商品能提升的价值空间就是设计感,每增加1%的设计投入,公司的销量和利润就可以增加4%。"

最后,家长可以和孩子一起开展小发明活动。比如,分析一些让你们感觉不便和烦心的家居用品,看看它们分别都是哪些元素构成的,如果自己来设计,可以怎样改良它们,弥补其缺陷。让物品的成本更低廉、使用更便利或外形更美观,都是不错的发明创造。等到设计的物品多了,孩子就能熟练掌握设计思维的五大步骤——"同理心思考""需求定义""创意构思""原型设计""实际测试"。然后可以尝试在超市、餐厅、书店、电影院、银行、社区和学校等生活和学习场景中开展设计项目。

大卫·凯利指出,培养设计思维对孩子的创造力有重大影响,他说:"对孩子来说设计思维就是自信心的建立,通过'引导性的掌握',我们拉着孩子的手,给他们每一次的小小的成功。很快他们就会发现,他们可以成功地做一件自己想做的事,而且他们可以做出更好的决定。这就是心理学的'self-efficacy'(自我效能)。我通过很多年对孩子的研究发现,拥有自我效能的孩子,他们可以做出更好的决定,他们更加努力地学习,可以很快从失败中恢复过来,他们有改变自己周围世界的激情。缺乏安全感的孩子会担心其他孩子对他的看法、老师对他的看法。有'自我效能'的孩子会很有激情地说：'我想要做这件事情''我能做成功这件事'。所以设计思维通过引导性的掌握，获得自我效能，最终获得创造力方面的自信。"

◎ 方法三：训练计算思维

社会学的开山祖师之一马克斯·韦伯，被著名哲学家卡尔·雅斯贝尔斯誉为"我们时代最伟大的德国人"。韦伯帮助人们看清了现代社会的本质。

"世界的祛魅"，是韦伯被人引用最多的一个术语，意思是从前的人们对自然的认识中有一种神秘性，人们相信万物有灵，崇拜各种神仙鬼怪，现代科学让人从古代的魅惑中清醒，世界被充分理性化，也就被人看透而不再神秘了，这是人类精神领域的一场巨变。

"现代科学是理性化活动最典型的体现，依靠的是冷静的观察、可靠的证据、严谨的逻辑和清晰的论证。科学得出来的结论，就是可观察、可检验、可质疑、可反驳、可修正的，它在根本上抵制一切神秘和超验的事物。"源于科学的"西方理性主义"是现代社会的主导思想。

韦伯将理性分为两种，即价值理性和工具理性。工具理性是通过实践的途径确认工具（手段）的有用性，从而追求事物的最大功效。工具理性是通过精确计算功利的方法最有效达成目的的理性，是一种以工具崇拜和技术主义为生存目标的价值观，所以"工具理性"又叫"功效理性"或者说"效率理性"。

工具理性的关键在于"计算":针对确定的目标,计算成本和收益,找到最优化的手段。经过几百年的发展,现代社会越来越重视计算和效率。

到了计算机时代,工具理性发展出了"计算思维",这是现代社会理性化浪潮的一个高峰。

2009届毕业生朱恩临有这样的感悟:"我本科学习的是物理。虽然所有人都是零起点学习求解复杂系统行为的计算方法,编写处理实验数据的函数模块,拥有编程基础的同学表现出惊人的学习速度。优良的代码风格使得我们花在调试上的时间远少于其他同学。对运行效率的精益求精早已融入了我们的血脉……不光是物理,从事量化交易编程,从事机器人策略研究、数学研究的同学,都对自身行业里编程的重要性深有体会。"

他们擅长解决问题,都是受益于从小学编程所形成的"计算思维"。

2006年以来,美国卡内基-梅隆大学计算机科学系主任周以真教授对"计算思维"进行了系统阐述和推广。计算思维是运用计算机科学的基础概念进行问题求解、系统设计以及人类行为理解等涵盖计算机科学之广度的一系列思维活动。

通俗地讲,计算思维就是当人面临一些非常复杂的问题时,能快速地分解问题,抽象问题,将问题格式化,能利用强大的计算工具,更加高效、全面地解决问题。

如今计算机专家大量与其他领域的专家展开合作,计算思维已经广泛运用于生物、军事、经济等各个领域,找到了很多难题的最佳解决方案。"计算生物学正在改变着生物学家的思考方式。类似地,计算博弈理论正改变着经济学家的思考方式，纳米计算改变着化学家的思考方式，量子计算改变着物理学家的思考方式。"

比如，物理专业的学生蒋炎岩说："编程，让我们学会用计算的手段解释物理世界中的现象。液体究竟是什么？气体究竟是什么？为什么水加热会变成水蒸气？磁铁加热为什么会失去磁性？慢慢地，我们相信，物理世界是由简单精确的定律所支配的。计算是理解物理世界规律的手段。任何在算法上可计算的问题，同样可由计算机来计算。那是否意味着，我们有了计算机，就能计算一切？如果物理世界是由规律来控制的，那我们是否能用计算来预测未来？规则孕育了物理世界，物理世界创造了生命，生命拥有了意识和思维，思维认识了计算，计算回归了物理的本源。我们为计算而生，终回到计算的长河中……"

计算思维能办成大事，也能干好小事。学习编程多年的人，形成了自己的计算思维惯性，他们会非常有意识地将生活中机器擅长的事情抽象出来，然后交给机器来做。比如，前面提到的，用程序迅速完成对老师的期末评价打分。

计算思维能让我们"像计算机科学家一样思考"，百度百科介绍了日常生活中的计算思维："当你女儿早晨去学校时，她把当天需要的东西放进背包，这就是预置和缓存。当你儿子弄丢他的手套时，你建议他沿走过的路寻找，这就是回推。在什么时候停止租用滑雪板而为自己买一副呢？这就是在线算法。在超市付账时，你应当去排哪个队呢？这就是多服务器系统的性能模型。为什么停电时你的电话仍然可用？这就是失败的无关性和设计的冗余性……"计算思维将渗透到我们每个人的生活之中，到那时诸如"算法"和"前提条件"这些词汇将成为每个人日常语言的一部分。

周以真教授认为："计算思维是每个人（而不仅仅是计算机科学家）都应该具备的基本技能，计算思维同阅读、写作和算术一样，应当成为孩子们必备的分析能力。"

那么怎样培养计算思维呢？适用面最广的，是寓教于乐的少儿编程教育。

图形化编程语言 Scratch 很受孩子们欢迎，信息技术特级教师陆平这样评价 Scratch："以前以复杂代码为载体的程序的基本结构——顺序、选择、循环，以及各种难以记忆和理解的代码不再成为孩子们创意表达的障碍。可视化的编程语言，本质上是可视化了的思维，让思维的展开迅速，思维能见度清晰且宽阔，计算思维的训练唾手可得。在这里，文字、音乐、创造、逻辑、条理、推理、计算，不同的孩子可以获得不同的收获和思维训练，他们充分地表达自己。在 Scratch 中，孩子们轻松学会使用变量，能够在对不同角色搭建脚本中理解模块化编程的思想。他们有的编制中秋贺卡，有的编写与音乐相关的程序，有的热衷于编写简单有趣的小游戏。我们可以自由独立设计，也可以在别人设计的游戏或者作品基础上修改代码，重构自己的作品，然后通过互联网发布，与全世界编程爱好者分享。每一件优秀的作品，都需要谋篇布局，需要细节的诊断，需要耐力和创新能力。"

◎ 方法四：训练相关思维

很多人听说过"蝴蝶效应"："一只南美洲亚马孙河流域热带雨林

中的蝴蝶，偶尔扇动几下翅膀，可以在两周以后引起美国得克萨斯州的一场龙卷风。"

美国气象学家爱德华·罗伦兹于1963年提出了"蝴蝶效应"，他分析过其中的科学原理：蝴蝶扇动翅膀的运动，导致其身边的空气系统发生变化，并产生微弱的气流，而微弱的气流的产生又会引起四周空气或其他系统产生相应的变化，由此引起一个连锁反应，最终导致其他系统的极大变化。

多年来，很多人听说"蝴蝶效应"之后的第一反应是"蛮有趣的"，但也仅仅是有趣而已，因为在现实中挺难找到一个小小变量就带来重大变化的例子。

随着高速公路、高铁、机场、港口、手机和互联网的不断扩张，全中国、全世界越来越紧密地被联系在一起，万物互联的世界初步成形，事物会被成千上万个因素影响，"蝴蝶效应"出现得越来越频繁，出人意料的"黑天鹅"四处飞翔——近几年的中国股民，对此深有感触。

人们开始意识到，为避免被频繁出现的风险吞噬，我们需要再造世界观。这次迅速席卷全球的新冠肺炎疫情，让世界观的再造变得迫在眉睫。

《世界是平的》的作者托马斯·弗里德曼，在2020年3月提出了一个流传甚广的观点："当今世界将面临新的纪年方法——新元前（新冠肺炎元年之前）和新元后……我们今天的世界不仅相互联结，而且相互依存——在许多方面甚至相互融合。这极大程度地推动了经济增长，但这也意味着当一个地方遭遇麻烦时，这个麻烦会以更快的速度和更低的成本传播到更远的距离、更深的层次。"

理解和应对"新冠肺炎元年"之后的世界，需要新的思维模式。

几千年来，人类的思想家孜孜不倦地发展着因果思维——如果我们找不出原因，常常会觉得结果不是非常可信。因果思维确实也很有用，比如科学家们分析疾病产生的原因，寻找能够消除这些原因的物质，然后合成新药，青霉素就是这么发明的。

但在万物互联时代，因果思维的无力感会时常出现，因为绝大部分人没有能力分析海量的相互影响的因素——世界上这么多有强大因果思维的聪明人，有几个能早早分析出小小的新冠病毒会对全人类造成如此全面而重大的冲击？

王建伟、陈晓峰在《数据领袖》一书中指出："小数据是因果思维的物质基础。在大数据时代，人类面对海量的数据，无法找出因果，因果思维也因此显得无能为力。大数据给相关性思维提供了独有的物质基础，因此，相关性思维在大数据时代占据主导也是当然之事。大数据分析只能告诉你'是什么？'，至于你在因果思维下想问的'为什么？'，大数据才不管呢！大数据时代，如果不具备相关性思维，则必然最终被这个时代抛弃。"

今天正在蓬勃发展的大数据、人工智能的灵魂，不再是因果性，而是相关性，因此有人说，相关思维是人类思维的一次革命。

在这一时代背景下，统计学的重要性变得更加突出。统计学是数学的一个分支，通过大量数据的收集、分析、推理和展示，能够从数据中找到规律性。

任正非多次强调要发展统计学："习主席专门讲到人工智能，人工智能是什么？人工智能就是统计学，计算机与统计学就是人工智能。我们要进入大数据时代,大数据时代干啥?统计。多年来好多诺贝尔经济学奖获得者,大多使用的是统计学。所以,中科大包校长(中科大校长包信和院士)给我讲话的时候,他介绍专业的时候,我每个专业后面加一个统计学,这个专业后面加个统计学,你才能带动新时代的突破。"

统计学讨论数据时,讲得最多的是数据的相关性。相关性是指两个或多个事件会同时发生,具有关联;至于我们经常探讨的因果性,是指因为 A 所以 B,这与相关性有着明显的差异。

相关分析在工农业、水文、气象、社会经济和生物学等很多领域都有应用。人的身高和体重之间、空气中的相对湿度与降水量之间的相关关系,都是相关分析研究的问题。

网站也经常使用相关分析方法,通过对不同特征或数据间的关系进行分析,发现业务运营中的关键影响及驱动因素,并对业务的发展进行预测。相关分析告诉网站运营者,以下这些广告和内容的搭配效果非常好:在电影租赁和收看视频的网站上,放上零食的广告;在女装网站上,放男装的广告;在咖啡评论和销售网站上,放信用卡和房贷的广告;在工具评论网站上,放上快餐的广告……其中很多组合与人们的想象不大相同,可以说相关分析拓宽了人类的思维。

吴军举了相关思维在医疗领域的一种应用。美国共有 5 000 多种处方药,人类会得的疾病大约有 1 万种。如果将每一种药和每一种疾病进行配对,就会发现一些意外的惊喜。比如,斯坦福大学医学院发现,原来用于治疗心脏病的某种药物对治疗某种胃病特别有效。当然,为了证实这一点需要做相应的临床试验,但是这样找到治疗胃病的药只需要花费 3 年时间,成本也只有 1 亿美元——如果按照因果关系,研制一种新药需要 20 年的时间和 20 亿美元的投入。这种研发方法，实际上依靠的并非因果关系，而是一种强关联关系，即 A 药对 B 病有效。至于为什么有效，接下来 3 年的研究工作实际上就是在反过来寻找原因。这种先有结果再反推原因的做法，和过去通过因果关系推导出结果的做法截然相反。无疑，这样的做法会比较快，当然，前提是有足够多的数据支持。

专家这样评价相关思维的意义：相关性思维让人类通过大数据，更多地发现和认知了物理世界中"暗藏"已久的人与人、人与物、人与事、物与物、物与事、事与事之间的关系，让人类获得最大限度的信息对称，从而可以更加清晰地认识这个世界。

简而言之，相关思维和人工智能技术能够帮助我们在大数据时代避免雾里看花、混沌不清，再次实现"世界的祛魅"，这是工具理性的进一步发展。

相关思维在未来社会这么重要，那该怎样培养孩子的相关思维呢？

可以多看看《漫画统计学入门》这样的普及读物；学习少儿 Python 代码编程课，也是非常好的培养方法。

实现人工智能的根本是算法，Python 是实现算法的一种编程语言。Python 是对新手最为友好的语言，Python 有别于其他编程语言的特点就是简单，脚本语言写起来简单容易，使用效率高，又有很多成熟的第三方库，大大减轻了工作量。因为 Python 语言的易用性和数据处理的友好性，所以现在很多人用 Python 语言做人工智能算法。

从小学习 python 语言，既可以培养相关思维，更好地认识世界，也可以为长大后做与人工智能相关的工作做好准备。

《诗经》曰："周虽旧邦，其命维新。"周虽然是个古老的邦国，它的使命却在于创新。在周朝之前,商朝商汤的《盘铭》上也写了:"苟日新,日日新,又日新。""旧邦维新"是中华民族传承几千年的精神传统。

通过少儿机器人编程教育,给广大中华少年播下4次工业革命中蕴含的四大现代思维"工程思维、设计思维、计算思维和相关思维",是中华文明成功融合西方文明的一项重要教育工作,"少年智则中国智,少年强则中国强"!

四、万年人类史视角下的编程教育

◎ 信息社会的人类分化

《环球时报》的微博上有这么一条新闻：65 岁的妈妈因为不太会使用各种科技智能产品，又怕总是问女儿烦到她，于是把自己和女儿的聊天记录打印了出来，贴在各种电器上。妈妈问女儿怎么用手机看病挂号，女儿给妈妈做了一个示意图，可末了又补了一句，"我都和你说过 800 遍了"。

老一辈中国人对于电子产品往往有些惧怕。现在一、二线城市到处都在使用移动支付，老人用纸币时常会被拒收，因为商家找零不方便；去办业务，柜台常说用 APP 就行了，有时还不乐意替老人办理；年轻人都在用手机挂号了，可老人还要一大早去医院排队。

微博用户 @赵老板说过这么一件事：在超市收银台，一位老爷爷因为收银员问他"有会员码吗？打开手机扫一下"而慌了神，老爷爷说："你这不是欺负老年人吗？你们年轻人那东西谁能搞明白？"

微博用户 @焚冰融岩说，医院的验血结果需要自助打印，老人们不会用那个机器，站在机器旁边好久，想使又怕弄坏了，就这么干站着，最后还是放弃了，不得不去很远的人工窗口。

微博用户 @Kya 说，外公打麻将打晚了，到了晚上拦不到出租车，有时候明明看着是辆绿色的空车，但招手它就是不停；如果拦住，司机就说：“我是有单子的。”现在外公晚上都没法出远门打麻将了，他慢慢觉得自己寸步难行，越来越不爱出门了。

微博用户 @peach 说，妈妈打电话订蛋糕，客服让她直接去公众号上订，妈妈说，自己年纪大了，只会打电话了。但客服经理说，他不管这方面的事情，让妈妈去公众号上慢慢搞，气得妈妈直接投诉了。我看了一下，在公众号上下单，的确挺方便的，要是他们能和妈妈简单解释一下怎么用就好了。

甚至不少高学历的老年人也感觉跟不上现在的科技潮流，《奇葩说》知名辩手马薇薇提到自己的同学，她的父亲是理工科博士，不敢用她的触屏电脑，说怕给用坏了。

其实现在很多科技产品和智能服务，不少 30 岁以上的人刚接触的时候，也会出现晕头转向的情况，"感觉被时代抛弃"，很多人在移动互联网时代的状态是"身处其中，置身事外"。

与此同时，已经有一大批 90 后赚着 60 后、70 后甚至 80 后都无法达到的百万级年收入，做网络主播、写网络小说、搞网络培训、打电竞比赛、建社群卖手办（用于收藏的动漫人物模型）……

还有不少 00 后小朋友也在信息社会发展得如鱼得水。例如，10 岁的澳大利亚小男孩尤马，作为软件工程师被苹果公司 CEO 库克邀请到苹果全球开发者大会上。他 6 岁开始学编程，7 岁自学完成了斯坦福大学的编程课，

8岁开发的点餐APP上架,9岁在苹果商店上架5款APP。

不适应信息社会的人和适应信息社会的人,俨然是截然不同的人类。其实人类的分化已经上演过不止一次。

◎ 1万年以来的人类大分化

人类的进化一直没有停滞,因为进化的停滞需要一个静滞的环境,但近10万年人类不曾拥有稳定、静滞的环境。

10万年前人类狩猎大型动物的时候,主要依靠手中的长矛进行近距离的进攻,十分危险和费力。这种狩猎模式,只有有着强健肌肉和粗壮骨头的猎人才能胜任。这种体形是最佳解决方案,相应地也有其劣势——身体消耗大,需要更多的食物。

后来发明的新武器梭镖投射器和弓箭,使得猎人们在猎杀动物时轻松许多,宽厚的肱二头肌和强健的骨骼不再是必要条件。这意味着更轻捷善跑、不需要大量食物的猎人成了更有竞争力的优胜者,他们更容易生存下来、繁衍后代。几千年来一直用弓和带毒的箭射杀猎物的南非布须曼人,矮小、坚忍、极瘦,不到一米五。这是人类被工具塑造变化的一个典型案例。

1万年前出现的农业,对人类的改造是全面的,既包括生理,也包括心理。

生理方面,从事农业的人类在很多方面越来越适应五谷杂粮的饮食。例如,乳糖耐受的人的比例越来越高,欧亚大陆的人类进化出了对很多传染病的抵御能力。

农业还深刻改造了人类的心理。由于没法长期储存食物，特别是肉类很容易腐烂变质，因此采集狩猎者的习惯是马上吃掉食物或者与他人分享食物，大方和及时行乐是采集狩猎者的普遍心理。但农民的心理特征刚好相反，他们相对自私，并习惯于延迟满足。

农民就算全家都饥饿难耐，也必须保存一部分作物来当下一年的种子，必须保留一部分牲畜用作配种繁育，他们如果及时行乐并分享一切，第二年就没法进行农业生产。近万年的农业生活，让农民变得更有耐心、自控力，更多地考虑长远的利益。

随着人口密度的增加，人均占有土地减少，农民不得不为养活一家人而越来越努力地工作，勤劳的人生存下来的概率更大，养活的后代更多。随着时间的推移，勤劳成为农民的普遍特征。采集狩猎者很少有勤劳的，因为无法长期储存食物，意味着他们无法积累财富，只要吃饱了，武器和工具也能正常使用，他们就不会工作，而是聊天八卦、唱歌跳舞。

总之，农业带来了人类的一次大分化，相对自私、十分勤劳且能够延迟满足的农民成为主流，大方且及时行乐的采集狩猎者逐步被边缘化。

人类的下一次大分化，关键点是文字的发明与推广能力。

文字更有利于人们分享自己学到的成功经验与失败教训。文字出现之前，人类的知识只能存在于记忆之中，靠口耳相传。随着时间的推移，积累的知识越来越多，人们的记忆就力不从心了，很多知识因此失传。文字能让人把知识记在石头、木头、羊皮或纸张上，再多的知识都可以记录下来，不会失传，识字的人可以分门别类进行学习，每一代人都能在比上一代人更高的知识和技术起点出发，因此文字时代人类进步的速度比口语时代要快得多。

纸张的发明,是中国跻身四大文明古国,并长期领先世界的最重要原因。因为相比于竹简和木牍,在纸张上书写文字更方便,这意味着古代中国人可以更快、更高效地生产与保存信息和知识,同时汉代以后,中国的识字率大幅增长,知识在双重因素推动下得以大规模地传播,这极大地推动了管理水平的提升。

近代以来西方对中国的赶超,一个关键因素是其发明并普及了印刷机。

1454 年,德国人古登堡发明了活字印刷术,印刷效率比传统的人工手抄效率提高了上千倍,其成本却下降到几百分之一。此后印刷技术继续突飞猛进,从古登堡时期 1 小时印刷 25 页,到 19 世纪初 1 小时印刷 2400 页。文字印刷的空前快速和廉价,让书籍、报刊从精英阶层才能享用的奢侈品,变成了大众化的商品——在活字印刷发明之后的 50 年,共有 2000 万本图书得以出版,比欧洲此前 1000 年来出版的所有图书都要多,这带来了西方社会教育的大众化、文化传播的大众化。

科学技术必须依靠记录才能迭代发展,而活字印刷术能让大量科技实验被记录和传播。例如,16 世纪的欧洲解剖学有了巨大进步,这不是因为解剖水平有巨大的进步,而是因为解剖的结果能够通过印刷技术保存下来,文献变得越来越丰富,其他地方的医生、后世的医生不必为同一个问题去解剖新的人体,而是在前人的解剖研究基础上进行新的探索。

相比于传统手绘,印刷机还能非常精准地复制图像,这可以避免人体组织图、地图、航海图在传播过程中的失真,对科技发展起到了积极作用。

相比之下,中国唐代发明的雕版印刷术成本要高得多——每印一本新书,都要重新刻模板。"四书""五经"等经典图书因为印刷量大,是划算的,但对于介绍细分专业知识、小众科学技术、微创新、独门秘技的新书，人们只能望而却步，很多知识在手写孤本状态下或"师徒相授，口耳相传"的过程中没能保存下来。宋朝的毕昇发明的活字印刷，思路有进步，但因为技术没跟上，其字模由胶泥制成容易破碎，无法重复使用，效率还是不够高。直到19世纪，中国人读的书还是跟1000年前差不多。最终是西方的活字印刷术实现了知识的大规模复制和传承。

正如《数文明》一书所指出的："通过记录实现代际的知识传承，才是印刷机对于文明升级的最高价值和意义。"这是理解欧洲称霸世界近代史以及中国近代苦难史的一个关键点。

◎ 互联网时代的数字鸿沟

数字鸿沟是指在全球数字化进程中，不同国家、地区、行业、企业、社区之间，由于对信息、网络技术的拥有程度、应用程度以及创新能力的差别而造成的信息落差及贫富进一步两极分化的趋势。该词源于美国著名未来学家托夫勒于1990年出版的《权力的转移》一书，该书提出了信息富人、信息穷人、信息沟壑和数字鸿沟等概念。前面提到的在移动互联网浪潮中手足无措的老年人，是令人叹息的数字鸿沟的典型案例。

数字鸿沟是人类社会继农业技术、造纸术、活字印刷术之后的又一次大分化。

互联网极大提升了人类的记录能力，文字、声音、图片、视频，各种信息都逐步被数据化。微信、QQ、微博、淘宝、京东、百度、滴滴、美团等社交、电商和搜索平台，记录了海量信息，而且这些平台形成了规范的记录体系，比传统的纸质卡片更容易传播、整合和处理；百度百科、维基百科、得到、知乎等知识平台，极大地便利了人们获取极其广泛的知识。与此同时，在互联网时代，人们不仅是读者，还可以是作者，记录自己获取的信息与知识。例如，对一个餐馆的评价、对一个社会新闻的观点、一次旅行的小视频。

人类的知识源于记录，互联网帮助整个社会建立起强大的记录体系，这些记录还能被自由地搜索，这个"数字世界"的出现，使得人们的知识水平得到极大程度的提升。在当今社会，知识不再被垄断，一个小学生都很难被老师糊弄，因为他们可以自己上网搜索答案；只要乐于学习和思考，一个人通过业余时间的积累，也可以成为某个领域的第一流专家——知乎上有大量这样的专家。

互联网时代的信息与知识大爆炸，推动着社会和国家的大发展。当今互联网产业最发达的美国和中国，正是最富于经济活力和创新活力的国家，GDP 都超过了 10 万亿美元，专利数量排全球前两名，其他国家和地区已经难以追赶。

在个体分化方面，信息管理专家涂子沛指出，对一个开拓者来说，快速地知道边界在哪里是至关重要的，知道了"自己在哪里，在哪一条边上，前人已经画了一道什么样的边"，就可能"站到前人的肩膀上"，一旦站上去，创新就更容易了。从前的创新，大部分是专业人员才可能做出来的，这是因为"找准这条边、了解这条边"，"站到前人的肩膀上"，需要专业的努力，即很高的成本。但今天因为互联网的数据沉淀，因为强大的、实时的、低廉的、无处不在的普适记录，这个门槛降低了，普通人，即大众，也可能创新。历史上曾经有些创新就是由普通人做出的，未来，这种概率会大幅提高。我们可以进一步指出，那些不擅长利用网络数据的人，在财富分化的浪潮中会处于不利地位。

◎ 人工智能是第一个能够自己思考的强大工具

在人工智能社会，机器将更加强大，对各种人工智能技术的理解和利用能力，也就是我们所说的 AIQ，将进一步拉大人与人之间的差距。

例如，在 2017CES 展会（世界上最大、影响最为广泛的消费类电子产品展）上，涌现了大量语音交互产品——亚马逊的 Echo、微软的 Cortana，都需要用户与机器人进行大量的对话互动。而习惯了日常生活、电话会话甚至网络对话中的语言行为模式的人们，很有可能会在最初产生种种的不适应。而那些一开始就对人工智能技术充满热情且很快找到感觉的高 AIQ 的人，将获得先发优势。

计算机的强项是记忆和计算，但无法代替人类进行思考；人工智能则是能够自己思考的工具，可以从事大量人类大脑才能做的工作——人工智能程序自己创造围棋及国际象棋的新下法是典型案例。

哲学家赵汀阳指出："古代和现代的技术进步，改进的是相当于手脚的功能，无论船舶、火车、汽车、飞机或各种机械技术，无非是人的手或腿的功能延长或增强；但人工智能就不仅仅是技术革命了，而是存在的革命。人工智能试图改变智能的本质，这是要创造一种新的存在，所以是一个存在论级别的革命。"

人工智能本质上是数据科学，它的很多判断不需要什么理论模型，也不需要什么假设，只要用统计方法编程，用程序发现大数据的变量间的相关性就够了。例如，统计发现经常吃海参的小孩智商高，"相关不等于因果",我们不能说"因为吃海参,小孩变聪明了"——有可能是有钱人家的小孩遗传基因好、受的教育也好,使得他们智商高,同时因为家里有钱,他们经常吃海参,这样智商和海参产生了相关性。发现吃海参和高智商的强相关性很有用,如果找来一群小孩,只要问出来哪些人经常吃海参,就可以找出其中的大部分聪明孩子,虽说会有个别遗漏,但这种判断方法效率超高,非常实用。

所以"相关不等于因果",应该改成"相关就足够了",这是人工智能思考模式的一大特点。人工智能的思考有其独到之处,能在不少领域显著提升工作效率。

例如,2017年年底,英国举办了一场特殊的比赛。机器人和准律师们一共提交了800份左右的测试报告,在对案件的预测结果上,剑桥法律系高才生的预测准确率仅有60%~70%,而机器人预测的准确率高达接近90%。另一个例子是,在200名计算机工程师的技术支持下,自动化的交易程序已经接管了高盛集团总部大多数的日常工作,交易员已经被具备机器学习能力的复杂交易软件取代。

人工智能如此强大,显然将成为互联网之后下一轮国际竞争的制高点。国务院于2017年7月8日印发并实施《新一代人工智能发展规划》,这是为抢抓人工智能发展的重大战略机遇,构筑我国人工智能发展的先发优势,加快建设创新型国家和世界科技强国,按照党中央、国务院部署要求而制定的文件。

《新一代人工智能发展规划》在教育领域的部署是,实施全民智能教育项目,在中小学阶段设置人工智能相关课程,逐步推广编程教育,鼓励社会力量参与寓教于乐的编程教学软件、游戏的开发和推广。鼓励高校在原有基础上拓宽人工智能专业教育内容，形成"人工智能+X"复合专业培养新模式，重视人工智能与数学、计算机科学、物理学、生物学、心理学、社会学、法学等学科专业教育的交叉融合。加强产学研合作，鼓励高校、科研院所与企业等机构合作开展人工智能学科建设。

编程将成为未来智能社会的"世界语言"，如同今天的英语。语言学习是要从娃娃抓起的，2018年9月，重庆市教委下发《关于加强中小学编程教育的通知》，明确要求：中小学要开设编程教育课程，小学三至六年级累计不少于36课时、初中阶段累计不少于36课时，各中小学至少配备1名编程教育专职教师。2018年4月，全球首部人工智能普教教材——《人工智能基础》（高中版）在上海发布，华东师大二附中、上海交大附中等全国各地40所学校成为首批"人工智能教育实验基地校"。

在人类的新一轮大分化中抢占先机，已经成为正在实施的国家战略。

◎ 新智人 = 人类智能 + 人工智能

美国国家精神卫生研究院大脑研究和行为实验室主任麦克林，把具有3个不同结构的人类大脑命名为"三重脑"，它由脑干、边缘系统和大脑新皮层组成，分别被命名为"爬虫脑""哺乳脑"和"皮质脑"，它们是进化的产物。

"爬虫脑"，人类与爬行动物共有，2.5亿年前停止进化。它掌控着我们的心跳、呼吸、繁殖、自我保护等本能反应，这是让我们对外界环境做出快速反应（例如过马路时闪躲车辆）的大脑区域。

"哺乳脑"，人类与哺乳动物共有，在5000万年前进行演化。它包含感觉和情绪，拥有玩乐的欲望，也是母性的来源——哺乳类会照顾自己的后代，而爬虫类则不会这样做。

"皮质脑"，即大脑新皮质，大约20万年前进化成功——现代人类的脑容量为1200～1400ml，距今约200万年前的人类祖先南方古猿的脑容量为350～700ml。皮质脑与一些高等功能如知觉、运动指令的产生、空间推理、意识及语言有关系，是"发明创造之母，抽象思维之父"，现代人类因此被称为"智人"。

今天的人类进化到了一个新的关口，我们的大脑将更上一层楼。

对今天的年轻人来说，离开手机一天都是很痛苦的事情，没带手机就跟少了一只手一样难受。智能手机不离身，好比人类的新器官，特斯拉创始人埃隆·马斯克称这个新器官为大脑的"第三层"。

马斯克把人类的大脑归为两层，第一层是动物性的边缘系统（"爬虫脑"+"哺乳脑"），第二层是更先进的皮质。他认为："某种意义上，我们已经有了数字的第三层（大脑），因为你有计算机、智能手机和应用软件。你可以向谷歌提问并且立刻获得答案，你可以阅览任何书籍和音乐。用一张电子表格，你就能进行复杂的运算。如果你把帝国大厦塞满手持计算器的人，整个帝国大厦的计算能力都比不上一个拿着笔记本电脑的人。你可以免费地和世界另一端的人视频聊天，曾几何时，这样的能力可是要被当作巫术被烧死的。你可以拍摄带声音的视频，拍摄无数的照片，给他们打上人名和地点等标签。你可以通过社交网络免费地同时向数百万人广播信息。这些能力，在短短20年前，连美国总统都无法做到。"

我认为，相比于互联网和智能手机，会独立思考的人工智能才真正称得上大脑的"第三层"。我称人工智能为人类的"新脑",这是人类进化出"皮质脑"之后最大的一次进化。

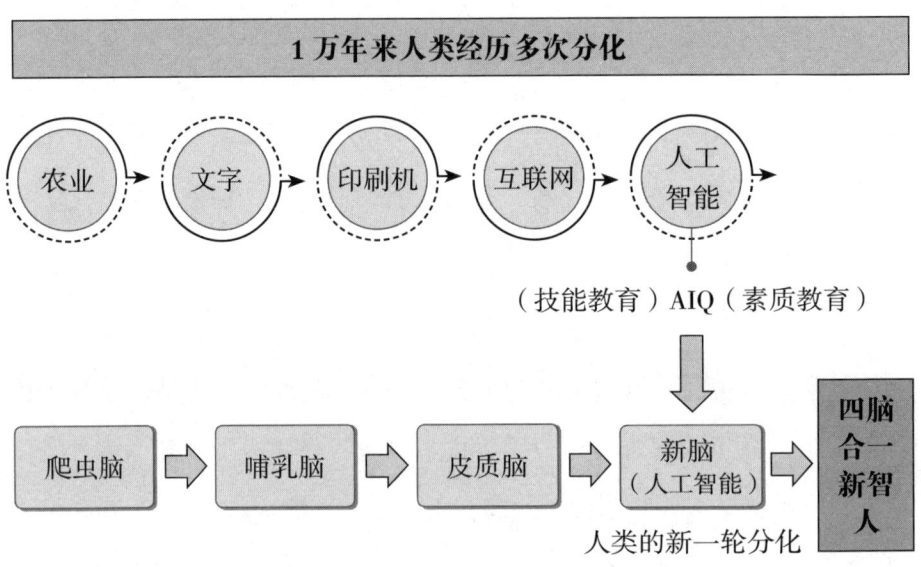

哪怕是财会人员、新药开发人员、视频剪辑师、文字工作者、教师、律师、医生这样的中高级脑力劳动者,其实都有大量的简单、重复、无聊的劳动成分,都是可以让"新脑"人工智能来干的,这些脑力劳动者的大量时间和精力可以解放出来,充分运用"皮质脑",去从事岗位中包含的那部分创造性劳动。

相比于传统的人类大脑,人工智能这个"新脑"有许多显而易见的优点。

从数据收集能力方面看,智能机器能够学习的知识量超过人,其记忆力也超过人。2017年有智能机器参加了全国高考的数学考试,满分是150分,它得了134分,而且只用10分钟就完成了。

从硬件性能方面看,就一生而言,人脑的性能在晚年甚至中年会不断衰退,就一天而言,在白天的辛苦工作之后,人脑在晚上就会很疲惫,需要休息。人工智能这个"新脑"则可以每天 24 小时、每年 365 天不知疲倦地快速迭代进化,日新月异。

从算法优化方面看,人工智能优化算法的速度远超人类。《人类简史》作者尤瓦尔·赫拉利尤曾提到 2017 年年底程序 Stockfish 8 与 AlphaGo Zero 的对弈。Stockfish 8 是上一年的国际象棋冠军,每秒能计算 7000 万次走法,且累积了此前人类几百年的国际象棋经验和几十年的计算机象棋经验。AlphaGo Zero 每秒只能计算 8 万次走法,人们事先没有教它任何的国际象棋规则,它运用的是最新的机器学习原理,用 4 小时不断与自己下棋,学会了国际象棋的规则。在接下来的比赛中,AlphaGo Zero 以 28 胜、72 平的战绩大比分获胜。快速自学成才的它,凭借自己发明的新走法和新策略,碾压了 Stockfish 8,也碾压了几百年来的人类经验。

人类开发算法(做成一件事的方法),往往都是在尝试时随机选择一条路径,这显然充满了偶然性。一旦发现某个算法有效,人类此后就很少尝试其他道路,会一直重复这个算法来解决问题。而人工智能因为算力强大,能在很短的时间里尝试每一条路径,从中选择出最为方便和简捷的算法。

从大规模协作方面看,人类之间的信息与知识共享规模比较有限,智能机器则能实现大规模的连接。例如,几辆车在十字路口相遇,智能汽车之间可以实时共享彼此接下来的驾驶意图,不会因为误判对方意图而导致车祸;再比如,智能医疗机器随时能将新的医疗病例共享到系统,即使是相隔万里,别的机器也能瞬间获悉最新的病例数据,改善治疗效果,这是人类医生做不到的。

基于"新脑"的巨大潜力,未来的教育方向可以归结为培育"新智人"。一方面,充分开发智人的"爬虫脑""哺乳脑"和"皮质脑",积极发展好奇心、想象力、批判思维、系统思维、领导力等人类智能的优势领域;另一方面,大力培育驾驭、利用人工智能这一"新脑"的能力,即通过编程教育、智能玩具等手段努力提升 AIQ,最终达到"人机一体""四脑合一"的全新智能境界。

我坚信,开展彻底面向未来的教育革命,大量培育"四脑合一"的"新智人",将使人类整体的创造力得到空前提升!